# 潍坊市博物馆

## 馆藏选粹

## 〖综合卷〗

吉树春 主编

文物出版社

**图书在版编目（ＣＩＰ）数据**

潍坊市博物馆馆藏选粹．综合卷 ／ 潍坊市博物馆编 ；
吉树春主编．－－ 北京 ：文物出版社，2016.4
ISBN 978-7-5010-4548-8

Ⅰ．①潍… Ⅱ．①潍… ②吉… Ⅲ．①博物馆－历史
文物－介绍－潍坊市 Ⅳ．①K872.523

中国版本图书馆CIP数据核字(2016)第055904号

# 潍坊市博物馆馆藏选粹（综合卷）

主　　编：吉树春

责任编辑：贾东营

摄　　影：宋　朝

责任印制：梁秋卉

出版发行：文物出版社

社　　址：北京市东直门内北小街2号楼

网　　址：http://www.wenwu.com

邮　　箱：web@wenwu.com

经　　销：新华书店

制版印刷：北京图文天地制版印刷有限公司

开　　本：889×1194　1/16

印　　张：13.5

版　　次：2016年4月第1版

印　　次：2016年4月第1次印刷

书　　号：ISBN 978-7-5010-4548-8

定　　价：278.00元

# 《潍坊市博物馆馆藏选粹》（综合卷）

编纂顾问

初宝杰　潘　强　孙俐君

学术顾问

孙敬明

主　　编

吉树春

副　主　编

朱　英　葛晓东　田永德　王英勋

编　　辑

武夫强　王琳琳　魏茜茜　邢永超　于　璐

# 序　言

潍坊，古州名郡，文化绚丽多姿。自八千年前，后李文化蕴生伊始，先秦古国、两汉经史、魏晋佛教、隋唐诗书、宋金名宦、元明道教、清至民国金石书画，始终绵延不绝，为齐鲁文化的重要组成，亦在多元一体的中华文明格局中占有一席之地。

悠久的历史，留下了灿若星河的文化遗存。无数的先贤，也为这片桑梓之地沉淀下了厚重的文化底蕴。

潍坊市博物馆，作为这座古老城市文明记忆的窗口，文化遗存的守护者，始建于1962年，是一座集文物收藏、科学研究、宣传教育、考古发掘于一体的地志性综合博物馆。新馆于1999年建成，占地面积36亩，为当时全国地市级中最大的博物馆，其上下共5层，白墙蓝瓦，飞檐斗拱，楼阁巍峨而错落，是一座具有鲜明风格的仿宋建筑。目前馆藏文物已达七万余件，门类齐全，其中不乏一、二、三级珍贵文物。现有潍坊简史、馆藏字画、民俗及民间艺术、石刻艺术长廊等多个固定陈列；并有腾云阁、三楼精品展区等举办临时展览。我馆已先后举办"静谧悠远——黄宾虹艺术特展"、"陈介祺诞辰二百周年——金石千秋展"、"艺术的原乡——刘国松、莫言书画展"、"吴昌硕艺术展"、"第十届中国摄影金像奖作品展"等省内外影响深远的高水平展览，为潍坊百姓构筑了一处接受文化洗礼的圣地，也为潍坊"中国画都"的内涵拓展，添上浓墨重彩的一笔。同时，郑板桥"难得糊涂"、"吃亏是福"、"倒题兰图"、"风雨竹石图"等刻石拓片、高仿手雕古佛像、仿古铜毛公鼎等文物衍生品的深度研创，既开阔了博物馆的发展路径，又满足了广大游客"把博物馆带回家"的殷殷希望，受到了各界人士的一致好评。

作为博物馆人，我们深知，继往才能开来，开拓方能进取。为进一步贯彻落实习总书记关于"让文物活起来"等一系列文物工作指示精神，深入践行博物馆工作条例，更好地丰富文化公共服务内容，有效发挥文物在国民经济和社会发展总体布局中的积极作用，我们精心编撰了《潍坊市博物馆馆藏选粹》一书。其内容涵盖化石、陶、瓷、青铜、玉石、骨角牙木、书画、碑拓、古籍、碑刻、造像等诸多种类的精品。其中，既有原齿象属新种的"潍坊象"化石，又有中国现存年代最早、体量最大的唐代铁佛；既有龙山文化"黑如漆、亮如镜、薄如壳"的薄胎高柄杯，也有"精巧之至，几于鬼斧神工"的官窑瓷器；既有郑板桥、高凤翰、李鱓"扬州画派"的挥毫泼墨在前，又有丁启喆、赫保真"同志画社"的丹青圣手在后；既有郑板桥的《新修城隍庙碑记》，一笔一画，承载民生，亦有其"难得糊涂"碑，看尽这世间，云淡风轻……

一件件精选的馆藏文物珍品，无不承载着历史与文化的双重气息，将在与读者的时空对话中，鲜活了生命，也将重生蕴藏其中的传统文化内核，彰显出"讲仁爱、重民本、守诚信、崇正义、尚和合、求大同"的时代价值。

一本《馆藏选粹》，八千年历史风云。弹指一挥间的，是岁月如歌。挥之不去的，是潍坊文化的厚重与磅礴。

一本《馆藏选粹》，只是潍坊文明的一个侧写，却是我们博物馆人，对历代乡土先贤写下的一份敬仰之情，如潍水滔滔，绵延不绝。

习总书记说："道不可坐论，德不能空谈。于实处用力，从知行合一上下功夫，核心价值观才能内化为人们的精神追求，外化为人们的自觉行动。"

一本《馆藏选粹》的编写完成，只是我们博物馆文物工作的一个新起点，我们将在此基础上，对馆藏文物作进一步分门别类，精心编写，独立成书。让那看得见的一件件珍贵文物，更加流光溢彩。让那看不见的流淌的知识，涵养一代又一代潍坊人继往开来的文化自信。

潍坊市博物馆馆长　吉树春

# 目　录

# 独有千秋

　　此部分选取的几件古生物标本及珍贵文物都独具流传久远的价值，弥足珍贵。

　　中更新世晚期，约一二十万年前，潍坊地区尚处森林广布、草原退缩、河流与湖泊纵横交错的森林—草原生态环境，气候温暖潮湿。在这片广袤的森林草原上，生活着一群庞然大物——潍坊象。后因气候变迁、生存环境恶化，它们开始逐步消亡，并最终在复杂的地质作用下变成了化石。该类化石在潍坊地区分布较广，但以前多为牙齿、肢骨等零星发现，20世纪70年代发现并发掘出土的包括头骨、肢骨、牙齿等属于一较为完整个体的象化石，为古老的原齿象属增添了一个新种，并因此以"潍坊象"命名。作为该属晚期中的一个进步类型，潍坊象化石的发现对了解原齿象属晚期类型的特征、分布及演化提供了不可多得的实物资料。

　　潍坊地处胶东半岛西端，是连接西部内陆与东部沿海地区的交通枢纽，也是齐鲁文化圈相交集、南北文化圈相交汇之地，地理位置较为独特，地方文化相对发达。璀璨夺目的史前文化，方国林立的夏商周三代，经学畅达、佛教兴盛的汉魏唐宋，金石古风甲冠天下的明清，潍坊地区历史上也因之遗留下唐代铁佛、郑板桥书画碑刻等许多稀世珍宝，在全国都极有影响。

　　馆藏唐代铁佛，虽腰部以下残失，但现存者仍高约3米、重达5吨多重，唐宋元明时即供奉于佛寺当中，由其庞大个体不难猜出当时供奉其佛寺之壮观。该铁佛后一度被埋于地下，至现代历经一番曲折寻觅，终于在20世纪70年代得以重见天日，成为迄今为止我国所发现的铸铁佛像中年代最早、体量最大的一尊造像。佛寺早已荡然无存，铁佛仍在，它既见证了潍坊地区历史上佛教繁荣之盛况，也反映了潍坊地区铸造业的悠久历史与高超技艺。

　　石碑《新修城隍庙碑记》由清代著名书画家、扬州画派代表人物郑燮知潍县时亲自撰、书并令其爱徒精心镌刻而成，这也是郑燮存世书法作品中唯一楷书之作。文好、书好、刻工好让该碑进入全国十大"三绝碑"之列。

# 1 第四纪中更新世晚期潍坊象头骨化石

第四纪中更新世晚期（距今约 20 ~ 10 万年）

　　古脊椎动物化石。1979 年发现于潍坊市。该标本有着保存近乎完整的头骨、左右门齿、下颌骨、胸椎、腰椎、肋骨、肩胛骨、髋骨、肱骨、股骨、掌骨及脚趾骨等，研究者认为其可能为 60 多岁的雄性个体。它大约生存在中更新世晚期，代表了比南方象躯体构造特征更进步的原齿象属晚期的一个新种类。研究者因此以"潍坊象"来命名这个新种属。

　　这种象化石，在潍坊地区分布很广，多有零星发现，均不及该象化石完整。

## 2　唐铁佛造像

唐（618～907年）
残高278.0、宽190.0、厚90.0厘米

　　铁质。系中空分段模铸而成。佛像端坐，肉髻高耸，面部丰腴，神色庄严又不失慈祥。上身着佛衣，双臂及下半身残缺不全。此佛像原供奉于潍县石佛寺，后随时代变迁被埋于地下，20世纪70年代又重见天日。该铁佛是迄今为止我国所发现的铸铁佛像中年代最早、体量最大的一尊。它既见证了潍坊地区历史上佛教繁荣的盛况，也反映了潍坊地区铸造业的高超技艺与悠久历史。

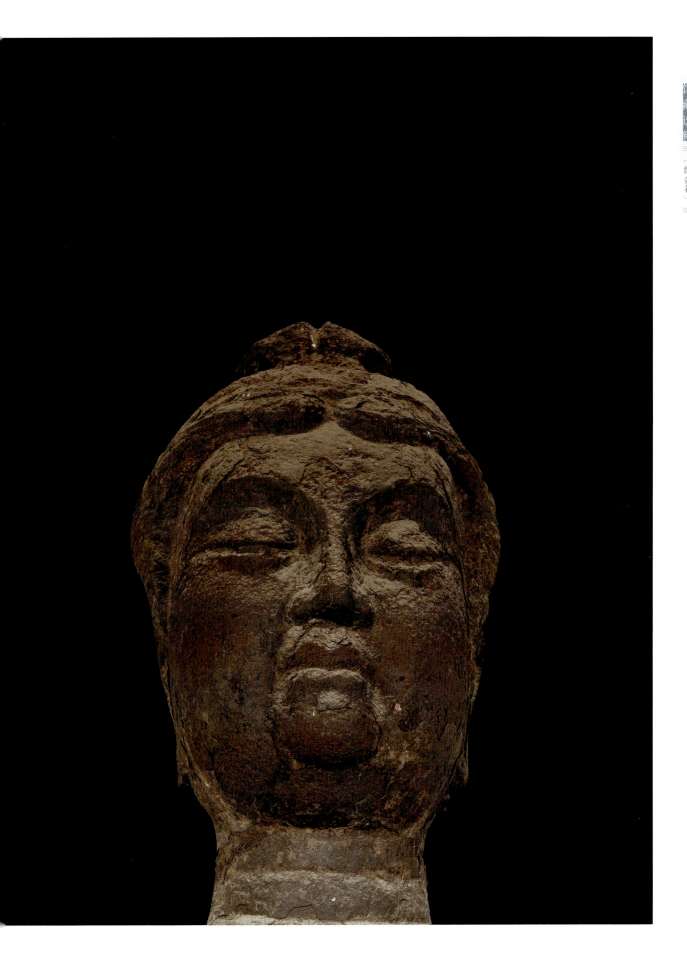

### 3 清郑燮撰书《新修城隍庙碑记》碑

清·乾隆十七年（1752年）
高183.0、宽73.0、厚22.3厘米

石质。该碑为清乾隆十七年（1752年）郑板桥倡捐重修城隍庙竣工后所撰书刻碑。碑额为板桥"六分半书"体所书"城隍庙碑"；碑文通体正楷，是郑板桥存世仅见的楷书遗存。文中板桥以朴素的唯物主义思想阐述了其无神论观点，其一笔一划，亦承载民生。因该碑文好、书法好、镌刻好，被世人誉为"三绝"碑。

救橋鄭燩撰并書

雷雲電風霆雲雷

也其中之且呼口

帝而俗世又呼為

妙齡之官階之以

## 4 清郑燮峤壁兰图轴

清（1644～1911年）

纵161.0、横136.3厘米

　　纸本。水墨。画幅左上角，以浓墨放笔绘峻峭山壁，并以焦墨或疏或密绘数丛兰草生于石壁缝隙之间，兰草俯仰有致，婀娜多姿。右下角山根处，绘一组散石，两丛兰花浮映于草石之中。整个画面左高右低，上呼下应。右上角则顺势题跋，使整个画面布局呈三开之势，彼此相得益彰。题诗为："峭壁兰垂万箭多，山根壁蕊亦婀娜。天公雨露无私意，分别高低世为何"。款署"板桥郑燮写"，钤"燮何力之有焉"朱文、"七品官耳"白文印。

# 潍地风采

## 第二部分

八千年连绵不断的文化发展史，使得潍坊成为一座历史悠久、文化底蕴丰厚的城市，这里人才济济，地域文化特色鲜明，许多历史人物或历史事件在国内外都有一定地位和影响。而其中的金石学、地方画家群体更是斐然卓著。

金石考据古已有之，宋时潍籍赵明诚偕夫人李清照即著录《金石录》，成为金石学早期的代表人物。及至有清一代，更有潍县（今潍坊）陈介祺不仅收藏颇丰，更是集前人之大成，独创金石研究新领域，使得当时的潍地金石之风蔚然，金石之家无数，诸如安丘的王筠、诸城的刘喜海、益都的孙文楷、潍县的高庆龄、高鸿裁、王石经、郭麐等。故而，有"金石学在山左"，"山左中心在潍县"之说，陈介祺也因此成为清代中国金石学界的领军人物。

陈介祺的收藏，涉及青铜器、古玺印、封泥、陶文及权量诏版、镜鉴、刻石、砖瓦、古钱币、泉范、碑帖、书画等，种类多，数量大，且多为精品。他发现并考释陶文，成为收藏、著录、研究陶文的第一人，拓展了传统金石学的研究领域。他开创性研究古玺印、封泥，编撰了具有开创意义的《十钟山房印举》、《封泥考略》等著述。同时，陈介祺也为这片桑梓之地遗存下了众多名器拓本、印鉴稿本等极为珍贵的历史文物。

潍坊地区书画之风盛由来已久，一方面系本土流风沿袭所致，另一方面亦有为仕或旅居潍地如李邕（唐代，潍地为北海郡，李邕曾为北海相，人称李北海）、范仲淹、欧阳修、苏轼等名流大家的影响使然。明清时期，潍坊地区书画发展更是迅猛，或父子相承，或兄弟同艺，或同志（取意"志同道合"）研磋，他们丹青寓志，翰墨寄情，逐渐形成清代民国潍县画家群体，这个群体包括了谭谟伟、谭汝霖、谭云龙、周克济、王赡、刘嘉颖、丁启喆等等诸多地方名家，因之，有学者称之为"潍县画派"。民国初期成立了我国较早的画界民间社团组织"同志画社"。画社悬挂春秋时期左丘明名言"同德则同心，同心则同志"，以"不标榜哪一派，不吹捧什么人，不排斥任何派、任何人，而是取其精华，弃其糟粕；继承国画优良传统，发挥各自特长，以图振兴国画艺术之大业"为宗旨，促进了国画艺术在潍坊的发展提高，培养了一批优秀青年画家，如郭兰村、郭味蕖、赫保真、徐培基、于希宁、陈寿荣等后来皆成为享誉全国的著名画家。画社带来的影响非同一般。

"潍地风采"部分即分"彩墨匠韵——清末民国及现代潍籍书画家作品"、"金石华章——陈介祺与金石学"两个主题，以馆藏相关文物充分展示潍坊地区的书画、金石遗风流韵。

## 5 清孙崖绘刘统勋题松石图轴

清·乾隆戊寅年（1758 年）
纵 106.0、横 139.5 厘米

　　纸本。水墨设色。画面以小写意花鸟画技法绘苍松、叠石、花草；右部空白处为刘统勋大幅题跋；起首钤"御赐清爱堂"白文印，下钤"刘统勋印"白文、"延清"朱文印。

　　此幅画作，孙崖绘画用笔清秀文雅，用墨清新恬淡；刘统勋题跋笔法厚重圆润，似绵里裹铁。两者相得益彰，不失为佳作。

　　孙崖，字象山，江苏常熟人。师杨晋，工界画，精写人物，又以鼓琴得名。

　　刘统勋（1698～1773 年），字延清，号尔钝，潍坊高密县逄戈庄（原属诸城）人，刘墉之父。官至内阁大学士、军机大臣。

## 6 清陈官俊楷书八言联

清（1644～1911年）
纵167.0、横41.4厘米

　　纸本。楷书。上联"四端统仁五教敷敬"，下联"一言行恕六事本廉"；铃"官俊印章"白文、"字伟堂号怒田"朱文印，款署"伟堂陈官俊"。

　　陈官俊（？～1849年），字伟堂，山东潍县（今潍坊）人，陈介祺之父。嘉庆十三年进士，官至工部尚书、户部尚书、礼部尚书、吏部尚书等。

## 7 清于祉楷书七言联

清·咸丰丁巳年（1857年）
纵132.5、横30.0厘米

　　纸本。楷书。上联"万物静观皆自得"，下联"四时佳兴与人同"；铃"揽古轩"、"于祉之印"白文印。款署"丁巳十月，书为启周贤婿雅鉴，澹园祉。"

　　此联书法端庄凝重，遒劲肃严，开张有力。

　　于祉（1788～1869年），字燕受，号澹园，又号逸樵、独笑生，山东潍县（今潍坊）人。诗长于五古，书法直追钟、王，偶作山水，仿倪仿米，笔苍墨润，卓然大家。

## 8 清谭谟伟竹石六幅屏

清·道光戊戌年（1838年）

纵 186.3、横 54.6 厘米

　　纸本。墨色。此画作每幅皆为斜式构图，以书法用笔绘上挑竹叶，下勾写竹，竹叶相依，虚实相生。层层复笔皴擦而出的山石，积墨相叠，由实入虚，痛快淋漓。其笔法精炼洒脱，气清而有韵致。另六幅屏上皆有题诗落款，与画竹相映成趣。

　　谭谟伟（1786～1849年），字贻堂，清中期书画家，山东潍县（今潍坊）人。工草书，兼通篆隶，尤精墨竹，偶作山水。

## 9　清谭汝霖绘翟云升题《自怡园图》长卷

清·道光甲午年（1834 年）
纵 40.5、横 410.5 厘米

　　绢本。工笔设色。该图卷取自潍县园林"自怡园"实景，以工笔界画青绿山水的技法精绘而成。全图以精致的笔法、鲜浓的色彩、开阔的场景、充实的内容，形神毕备的呈现了自怡园的全部风貌。勾勒细腻规整，青绿设色鲜明浓重。卷尾为谭汝霖题款，下钤"谭汝霖印"白文印。另有引首为道光乙未年（1835 年）翟云升隶书题"自怡园图"卷名，卷后有翟云升、陈述经、何澍、郭育才、王统照五家题记。

　　此幅长卷为研究清代潍县园林提供史料借鉴。

　　谭汝霖，字雨岩，山东潍县（今潍坊）人，清中期书画家，谭谟伟弟。工诗词，尤精绘事。

（局部）

## 10　清王功后临高凤翰山水图轴

清·道光癸卯年（1843年）

纵 192.2、横 105.0 厘米

　　纸本。水墨淡设色。此为王功后临高凤翰画作之一，以小写意山水画技法勾皴点染，层层画出了坡陀、石块、稻田、水牛、草舍……一派江南水乡的春晓景致。画面左上部为王功后题款，后钤"王功后印"、"复斋画意"白文印。画家自题的行草书体和缓平整，与画面的静谧祥和极为相谐，也正契合了当时宜居小城人的平静心性。

　　王功后，字弗矜，又字不矜，号复斋，又号懒云。清中期书画家，山东高密人。工诗善书，精绘事，通琴理。书画好摹高凤翰，世人称其诗书画三绝。

## 11 清王功后临高凤翰春雪图轴

清·道光壬辰年（1832年）

纵 192.5、横 105.0 厘米

　　纸本。水墨淡设色。此幅为王功后临高凤翰图作之二，以典型的传统山水画雪景技法，以形为主勾勒，略加皴染，绘出雪山与寒松。苍空、碧波则晕染墨青，以衬托白雪皑皑、肃杀寒天的景致。画面上端为王功后题款，后钤"功后印信"朱文、"此道今人弃如土"白文印。

## 12 清《棠梓清芬》书画册页

清（1644 ～ 1911 年）
纵 32.8、横 61.5 厘米

　　纸本。此画册是清潍县人陈介锡所辑书画册《桑梓之遗》的副册，由其从兄陈介祺题名《棠梓清芬》，后赠与当时离任潍县县令之职的靳昱，以示留念。其首折、后折为陈介祺手书目录、题跋，内收周亮工、张端亮、郑板桥、王士禛、赵执信、刘以贵、高凤翰、郭廷翁、刘墉、窦光鼐、崔璞、张端亮、高凤翰等 13 位乡贤 16 幅书画作品。其中部分画作钤"曾为陈介锡藏"、"文石山房所存"朱文印及"潍陈晋卿家藏"、"桑梓之遗"白文印。另有部分画作附康生鉴赏题跋。此画册虽为小幅，但笔墨精妙，堪为上品，具有极高的艺术欣赏价值。

　　陈介锡，字晋卿，介祺从弟，山东潍县（今潍坊）人，同治年间著名收藏家。辑成宋明以来山东名人书画真迹数十册，名曰《桑梓之遗》。著有《桑梓之遗人物考略》、《桑梓之遗录文》、《石文杂录》等。

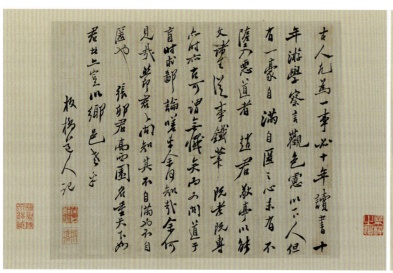

（局部）

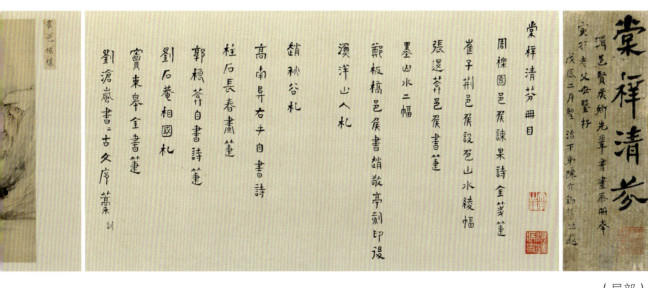

崔邑候蝶

棠棣清芬冊目

周櫟園邑侯諫果詩金箋筆

崔子荊邑侯設色山水綾幅

張邊荇邑侯書筆

墨山水二幅

鄭板橋邑侯書趙敬亭刻印設

溪洋山人札

趙秋谷札

高南阜右手自書詩

柱石長春畫筆

郭橓莕自書詩筆

劉石菴相國札

寶東皋金書筆

劉滄嵐書二古文序葉葉訓

棠棣清芬

渭邑賢庶術先輩書畫廢冊奉

寅辞老父夫人鑒拇

戊辰二月塈治下申陳介鈞怖拈題

（局部）

## 13 清王赡山水人物四幅屏

清（1644 ~ 1911 年）
纵 209.5、横 57.2 厘米

纸本。工笔青绿设色。画作以宴饮、赏月、泛舟为主题，山水、人物、景色皆以工笔勾勒，刻画细致入微，色彩晕染艳丽，画中迎面而出一种恬适自得的生活情趣。钤"雁"、"溪"白文印。

王赡，字雁溪，后以字行。清末山东潍县（今潍坊）人。善画人物，工写俱精，工学仇英，写意学黄慎。

## 14 清曹鸿勋行书轴

清·光绪丙申年（1896年）
纵 137.0、横 63.0 厘米

　　纸本。行书。书元次山娭乃曲二首，起首钤"慈圣天语福寿久长"肖形朱文印，署款后钤"曹鸿勋印"白文、"仲铭"朱文印。该书法作品用笔结体流美、苍劲俊秀之中透出一股刚正之气。

　　曹鸿勋（1846～1910年），字仲铭，又字竹铭，号兰生，另号铭帛，室名益坚斋。山东潍县（今潍坊）人。光绪二年（1876年）状元。长于书法，间画竹兰，字学欧体，并工汉隶。

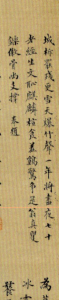

## 15　清刘嘉颖岁寒守岁图轴

清·光绪戊戌年（1898年）
纵68.0、横41.5厘米

　　纸本。水墨淡着色。此画取王石谷浅绛山水画风格，整体构图工整，用笔细腻温润，色彩清新典雅，画面呈现一派"岁寒守岁岁不寒"的恬静祥和气息。画面右上角为刘嘉颖题款，后钤"字实父"白文、"嘉颖"朱文、"平寿画隐"白文印，左下角为"烟云供养"押角白文印。画外裱绫处从右至左依次有陈蜚声、王景祐、刘抡升、王曾裕、郭恩孚、张昭潜等地方名家题跋，为此画增添诸多欣赏之雅趣。

　　刘嘉颖（1861～1902年），字石芙，一字实甫，清山东潍县（今潍坊）人。酷爱绘画，花卉学恽南田，山水宗四王。

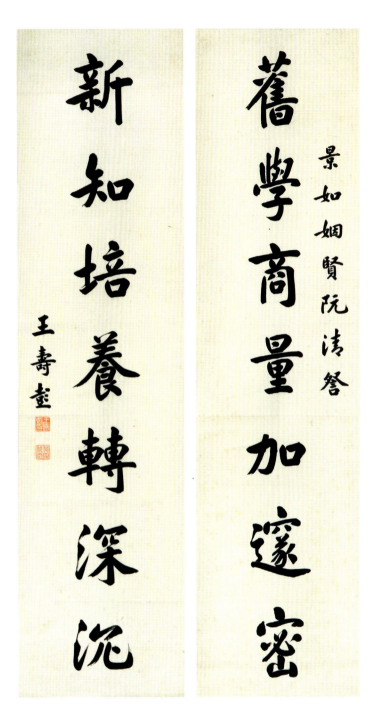

## 16　清末民国王寿彭楷书七言联

清末民国（1840～1949年）
纵144.0、横37.2厘米

　　纸本。楷书。上联"旧学商量加邃密"，署"景如姻贤阮清誉"；下联"新知培养转深沉"，款署"王寿彭"，并钤"王寿彭印"白文、"癸卯状元"朱文印。此书端庄雄伟，圆润厚重。

　　王寿彭（1875～1929年），字次篯，山东潍县（今潍坊）人。光绪二十九年（1903年）状元，山东大学创始人之一，首任山东大学校长。工书法。

## 17 清末民国丁启喆三星兆瑞图轴

清末民国（1840 ~ 1949 年）
纵 180.3、横 94.0 厘米

　　纸本。设色。绘画选材取自民间
传统的象征吉祥如意的福禄寿三星，
笔法则取明末陈洪绶之路，以半工
半写绘出。画中人物虽以勾勒为主，
但抑扬顿挫、提按变化无常。笔意
圆润，墨色清雅，带有明清文人画
的典型气质。

　　丁启喆（1873 ~ 1938 年），字东
斋，号雪庐，山东潍县（今潍坊）人。
清末民国山东著名国画家，擅画历史
人物。与丁叔言、刘秩东等人创办"同
志画社"，对潍县画界有深远影响。

## 18 民国郭味蕖花卉图轴

民国时期（1911 ~ 1949 年）
纵 132.0、横 31.0 厘米

　　纸本。水墨淡设色。此画为郭味蕖早期作品，其大胆利
用画面中大块留白，以彰显枝叶，枝干绘写果断有力，洒脱
自在。右上自题七言诗、跋，后钤"味蕖画印"白文印。此
为郭味蕖早期作品，纯以墨法见胜，干湿浓淡相间，墨气十足，
极具文人画气韵。

　　郭味蕖（1908 ~ 1971 年），近现代著名画家，山东潍坊人。
原名忻，后改慰劬、味蘧、味蕖，曾用别号汾阳王孙、浮翁，
晚号散翁，堂号知鱼堂、二湘堂、疏园等。擅花鸟兼及山水。

## 19　现代赫保真钱塘观潮图轴

1961 年
纵 136.0、横 66.0 厘米

　　纸本。水墨设色。该画以
中锋勾勒，再罩以花青色，绘
出钱塘江涨潮的壮观景象，一
股江涛由远至近奔涌而来，一
望无际，声势顿起。近处风景
用笔大胆率性，树木以大草笔
法写出，与建筑物的谨慎用笔
产生对比。画面上端题款，后
钤"赫"朱文、"保真"白文印。
　　赫保真（1904～1987 年），
字聘卿，曾用名抱真、葆真。
山东潍坊人。中国当代著名书
画家，擅长人物、山水、花鸟等。

## 20 现代徐培基山水图轴

1963 年

纵 132.5、横 67.0 厘米

纸本。水墨设色。此画中树石以中锋侧笔相兼，近处水纹与山石相衬，远山与水天相融，用笔用墨用色相互交融，勾皴点染一气呵成。笔路细而不腻，墨法张弛而动，为徐培基典型的代表作品。左上角题款，后钤"培基之印"白文印。

徐培基（1909～1970年），字植生，别号山左布衣。山东潍坊潍城区东关人。擅画山水，长于书法，精于篆刻。

第二部分 潍地风采

彩墨匠韵

## 21　现代于希宁寒梅图轴

1985 年
纵 95.5、横 58.0 厘米

纸本。水墨淡设色。画中纠结缠绕的寒梅枝干似蟠龙之势，盛开的梅花孤清冷艳，姿致幽美，扑面而来的水墨酣畅淋漓，洒脱率性，笔力老辣，气韵苍浑，极具傲骨风姿。右上自题七言诗、跋，后钤"希宁"朱文、"山左老于"白文印；左下角钤"自强不息"压角白文、"劲松寒梅之居"压角朱文印。

于希宁（1913～2007 年），原名桂义，字希宁，及长以字行。别署平寿外史、鲁根、管龛、梅痴，斋号劲松寒梅之居。山东潍坊人。著名国画家，尤擅画梅。

## 22　现代陈寿荣锦绣山区山水图轴 ▶

1961 年
纵 170.0、横 98.5 厘米

纸本。水墨设色。作者以深厚、扎实的传统功力绘出了自然山区改造后的盎然生机。画中山石均皴擦有力浑而不乱，笔墨干湿交融变化有序。树干枝叶的用笔亦是勾皴到位，笔笔出锋伸张有力，墨色罩染更显润泽浓郁。整幅作品笔墨变化丰富，着色对比强烈，是传统功力与现代笔墨相融合，具有浓厚时代气息的作品，也是陈氏难得的山水精品之作。左上角题款，后钤"寿荣小铢"白文、"春甫画记"朱文印。

陈寿荣（1916～2003 年），字春甫，号春翁，山东潍坊人。精绘画，擅书法、篆刻。

锦绣山区

## 23  当代刘国松雪山的静观山水图软片

2015 年
纵 94.6、横 188.0 厘米

　　纸本。水墨。绘画创作运用现代观念及技术，利用纸张纤维及现代日用品的使用，经过剪贴、粘贴、拼凑等种种手法，在画面中重新组合排列，加之画家自身的艺术修养，使作品产生了一种前所未有的效果，雪、天、云、山罗列穿插于一体，似梦如幻，达到了一种前所未有的画面效果。款署"刘国松二〇一五"，钤"国松翰墨"朱文、"山东青州"压角朱文印。

　　刘国松（1932 年～　），祖籍山东青州，生于安徽蚌埠，1949 年定居台湾。刘国松一直致力于中国画的传承与创新，他的新思想、新观念、新材料等曾给大陆书画界以强烈的冲击，对中国水墨画界呈现多元化风格与形式产生了深远的影响。

**24 当代刘大为任重道远人物横幅软片**

2013 年
纵 69.5、横 137.4 厘米

　　纸本。水墨。此图大篇幅运用水墨冲积表现骆驼，以产生强烈的视觉效果，笔墨洒脱率性。以行草书式的线条写出人物灵动洒脱的美感，造型功底坚实严谨，色调清新淡雅，画中形象鲜活生动。钤"大为"白文印。

　　刘大为（1945 年～），祖籍山东诸城。实力派画家，精工笔重彩和水墨写意。

## 25　清拓本陈介祺题周矢胊瓦盘图

清（1644～1911年）

纵103.0、横51.0厘米

纸质。墨拓，陈介祺监拓本，姚学桓绘图刻版拓墨。墨拓右侧为陈介祺题名"周矢胊瓦盘图"，钤"齐鲁三代陶器文字"、"海滨病史"、"收秦燔所不及"、"古瓦量斋"等白文；左侧为陈介祺题跋，钤"有周陶正之后"、"齐东陶父"、"三代古陶轩"等白文印等。另有"大兴周记度收藏金石书画印"朱文、"记度藏"白文鉴藏印、"澹□珍秘"朱文印。

据陈氏跋知，周矢胊瓦盘于乾隆辛亥年（1791年）出土于山东省临朐县柳山寨，光绪戊寅年（1878年）归陈介祺收藏。

姚学桓，字公符，山东潍县（今潍坊）人。精摹勒，陈介祺毛公鼎、曶侯御方鼎、古陶器、秦诏量瓦等复原图皆出自其手。为给陈介祺所藏古物配置底座、盒子、撑架等，开创了在红木漆器上镶嵌金银丝的先河。

陈介祺（1813～1884年），字寿卿，号簠斋，晚号海滨病史、齐东陶父，山东潍县（今潍坊）人。清代著名金石学家，曾官至翰林院编修。嗜好藏古，精于鉴赏，著有《簠斋吉金录》、《十钟山房印举》等。

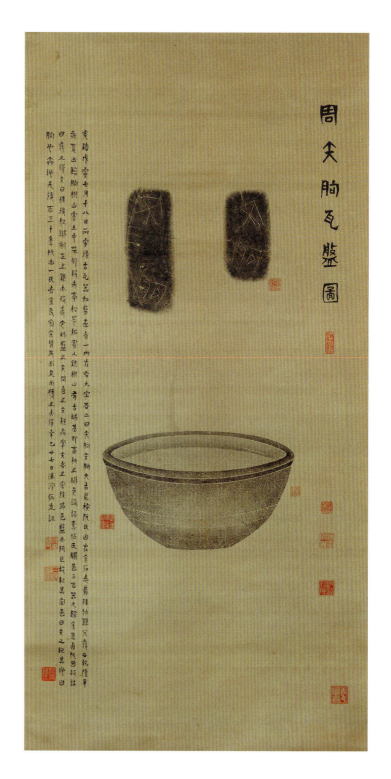

# 周尖胸瓦盥圖

炎籍戊寅七月十八日兩寅得古瓦器如盥者一内左吾大字各二曰尖胸尖胸父古是梭阮氏山左金石志載孫伯難父尊云乾隆辛
亥夏出蟾胸桃山寨土中遠前叚未亭松岑拆穿人錄桃山有古城基郭首秋止辨邑論語夆伯氏駢邑三百器久錄余是齿阮院因毁誤
所日靜又釋尖曰珠殘款議削正止雖未改壽仓邲盥止夫問齿止夫疑徐寧夫者止宦族或邑盥未所此故紀其宦邑曰尖又紀其坤曰
胸也余坤光強百豆十年所出一氏古金民甸余皆成而見而獲此未厚辛巳廿七日濱濱病史記

## 26　清拓本陈介祺藏汉代青铜器图八条屏

清（1644～1911年）

纵116.3、横30.4厘米

　　纸质。墨拓，陈介祺监拓本。清同治十年（1871年），陈介祺选取所藏汉代青铜器中大小相称者八件，由姚学桓绘图刻版制成汉器八条屏并墨拓。此八件汉器为：渔阳郡甗、鍪、温卧烛盘、池阳宫行灯、开封行灯、桂宫行灯、雁足灯、阳泉使者熏炉。墨拓上钤印："万印楼"白文、"海滨病史"白文、"半生林下田间"朱文、"簠斋西汉器物"朱文、"君车汉石亭长"白文、"宝康瓠室"、白文"文字之福"白文、"簠斋两京文字"白文。

## 27　清拓本陈介祺藏西周噩侯御方鼎图

清（1644 ～ 1911 年）

纵 139.0、横 67.0 厘米

　　纸质。墨拓。西周噩侯御方鼎曾为陈介祺、敬修堂递藏。器物腹内一侧有长篇铭文，原文共 84 字，存 79 字，铭文详细地记述了周王与鄂侯驭方在典礼纳壶、行裸礼、侑酒、行射礼、饮酒、赏赉的整个过程，为国之重器。此墨拓为陈介祺时所拓，上钤 "平生有三代文字之好" 朱文印、"海滨病史"、"簠斋" 白文印。

## 28 清拓本陈介祺藏西周毛公鼎图

清（1644～1911年）

纵172.0、横75.0厘米

　　纸质。墨拓。墨拓上钤"有周陶正之后"、"齐东陶父"、"海滨病史"、"簠斋"白文印，"宝汉楼"鉴藏白文印。

　　毛公鼎为西周晚期青铜重器，清道光二十三年（1843年）出土于陕西岐山（今陕西省宝鸡市岐山县），曾为陈介祺、端方等递藏，现藏于台北故宫博物院。鼎内铭文近五百字，记载了毛公向周宣王献策之事，是研究西周晚期政治史的重要史料。

## 29　清拓本陈介祺藏西周楚公钟图

清（1644～1911年）
纵135.0、横66.0厘米

　　纸质。墨拓。墨拓上钤"十钟主人"、"簠斋"、"十钟山房藏钟"白文印。

　　陈介祺藏周代古钟十一件，取其整数曰"十钟"，并名其书斋曰"十钟山房"。西周楚公钟为陈介祺藏"陈氏十钟"之一，现藏日本泉屋博物馆。

## 30 清拓本陈介祺藏秦诏量图

清（1644~1911年）

纵31.0、横43.2厘米

纸质。墨拓。墨拓上钤"簠斋先秦文字"、"集秦斯之大观"白文印。

铜秦诏量为陈介祺旧藏，其铭文为秦始皇、秦二世诏书。

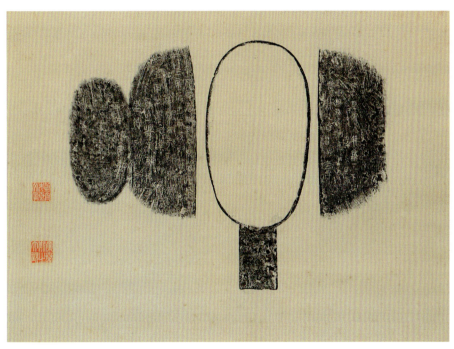

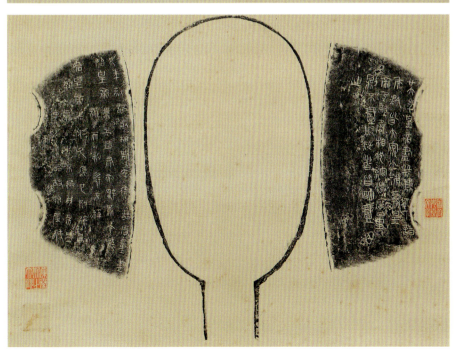

漢將軍飛率精卒萬人大破賊首張郃於八濛立馬勒銘

後漢桓侯紀功銘

是刻多贗本唯此乃杞園舊所良不易得 榆庭其寶諸

光緒乙亥二月廿有二日 齊東陶父記

## 31　清拓本陈介祺题汉桓侯纪功铭

清（1644～1911年）
纵155.5、横35.5厘米

　　纸质。墨拓。张贞、吴云旧藏。陈介祺于裱纸右侧题名并跋"后汉桓侯纪功铭。是刻多赝本，唯此乃杞园旧藏，良不易得，榆庭其宝诸。光绪乙亥（1875年）二月廿有二日。齐东陶父记。"钤"簠斋"白文印；墨拓左下角钤"曾为安丘张杞园藏"白文印。

　　相传汉桓侯纪功铭为东汉建安二十年（215年）张飞大败张郃后，以长矛在渠县八濛山崖壁上凿成。近代学者考证此铭为后人伪托之作。

　　张贞（1636～1712年），字起元，号杞园，山东安丘人。擅鉴别书画鼎彝之属，精金石篆刻。著有《渠亭山人半部稿》、《潜州集》、《娱老集》等。

　　吴云（1811～1883年），字少甫，号平斋，晚号退楼，别署愉庭，安徽歙县人。举人，官至苏州知府。金石学家，工书画篆刻。

**32** 清拓本陈介祺藏并题君车出行画像石

清·光绪癸未年（1883 年）
纵 64.0、横 136.0 厘米

　　纸质。朱拓，陈介祺监拓。朱拓右下角为陈氏题跋"光绪壬午（1882年）冬临淄出此画像，余以字定为东汉，考而藏之，以朱拓传之海内。癸未十月，幼泉拓此横幅，以便小斋并为题记。君车亭长。"后钤"癸未簠斋七十一"朱文、"君车汉石亭长"白文、"半生林下田间"朱文、"簠斋藏石"白文印。此画像石曾为陈介祺所珍藏，并筑亭护之，曰"君车汉石亭"，自署"君车亭长"。其现存法国巴黎博物馆。

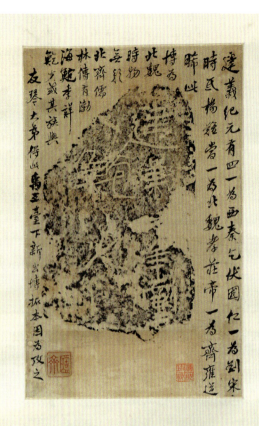

遂藏紀元有四一為西秦乞伏國仁一為劉宋
時氏楊難當一為北魏孝莊帝一為齊雍造
睇此
博為
北魏
時物
無幾
北齊儒
林傳育渤
海魁李祥
範少或其族興
友琴大弟得此馬王臺下新出傳拓本因為攷之

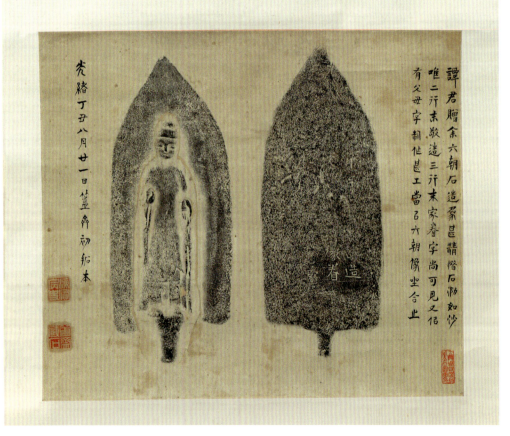

譚君贈余六朝石造象最是精愷石粉如沙
唯二行末敬造三行末家眷字尚可見又
有父母字制作甚工當石六朝傑坐合止

光緒丁丑八月廿一日筮斋初拓本

## 33 清拓本陈介祺题北魏建义砖六朝石佛造像图

清（1644～1911年）
纵 34.0、横 22.0 厘米
纵 36.0、横 42.5 厘米

　　纸质。墨拓。拓轴上部为北魏砖拓，并有陈介祺考证题记，钤"簠斋"朱文印；另有"澹然珍秘"鉴藏朱文印。下部为六朝石造像，清·光绪丁丑年（1877年）初拓本，陈介祺监拓并在上题跋，钤"海滨病史"、"簠斋藏石"白文印。另有"大兴周欲度收藏金石书画印"鉴藏朱文印。

## 34 清拓本陈介祺藏唐善业泥佛造像图

清（1644～1911年）
纵 92.5、横 33.0 厘米

　　纸质。墨拓。墨拓两侧分别钤"文字之福"白文、"半生林下田间"朱文印，"簠斋清供"朱文、"簠斋"、"海滨病史"白文印。唐代善业泥佛造像，系陈介祺旧藏，造像背面题铭："大唐善业泥压得真如妙色身"。

## 35 清稿本《汉官私印封泥考略》

清·光绪己卯年（1879 年）

纵 26.3、横 18.4 厘米

　　纸质。纸捻装。清代陈介祺批注校订。全一册，封面题右侧书"光绪己卯余作印文曰'簠斋藏古封泥'，'封泥'文似胜'泥封'，'封泥'见《百官志》"。封二书"古封泥官印考略，或曰玺印、其官私目勘止"。正文和总目均为墨书小楷，间或有朱书校改，天头有朱书批注，卷首全部朱文，主要撰写全卷编写体例。

　　《汉官私印封泥考略》稿本对《封泥考略》的研究有极其重要的价值。

**36 清钤印本《簠斋辑汉印》**

清（1644 ~ 1911年）
纵 29.5、横 20.4 厘米

　　纸质。线装。清代陈介祺辑。全书 1 函 4 册，
每页一印并附带释文。

清（1644～1911年）
纵 33.0、横 22.5 厘米

　　纸质。纸捻装。全书 1 册，内粘贴清代金石学家、收藏家陈介祺所藏钟拓 11 种，并钤印陈氏"平生有三代文字之好"、"海滨病史"、"齐东陶父"、"文字之福"、"十钟山房藏钟"、"簠斋"、"古陶主人"、"簠斋藏三代器"、"千化范室"、"万印楼"等章。

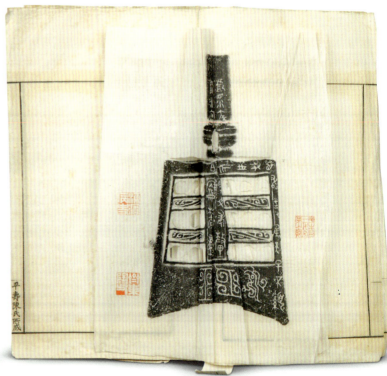

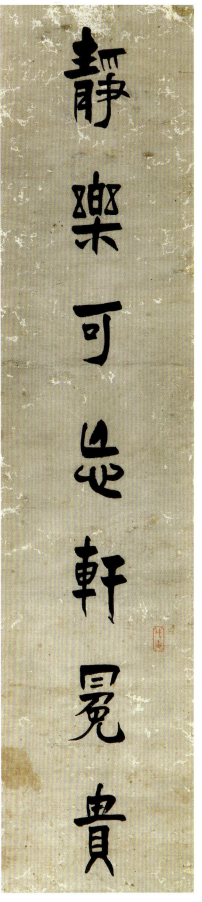

### 38　清陈介祺篆书七言联

清·光绪戊寅年（1878年）
纵124.5、横28.4厘米

纸本。篆书。上联"静
乐可忘轩冕贵"，钤"戊寅"
朱文印；下联"清游端胜绮
罗尘"，钤"齐东陶父"、
"簠斋"白文印。款署"簠
斋陈介祺六十六岁作"。此
书融篆、隶、楷为一体，端
庄、典雅、古朴、清新。

### 39 清陈介祺篆书七言联

清·光绪乙酉年（1885年）
纵151.0、横32.5厘米

纸本。篆书。上联"众星古器岐阳碣"，钤"簠斋"白文印；下联"腾气扬波河内碑"，钤"十钟主人"、"陈介祺印"白文印。款署"实甫吾甥属，时光绪六月十三日乙酉，十年甲申，舅氏簠斋七十二老人陈介祺。"此书兼融大、小篆书之长，加以楷书笔法走势，具有庄严、大气、浓重、朴厚之特点。

**清 "潍县相府陈氏祭器" 款铜胎掐丝珐琅缠枝花卉纹方盒、方碟**

清（1644 ~ 1911 年）
长方盒长 37.30、宽 18.50、高 9.60 厘米
方盒长 18.50、宽 18.50、高 9.60 厘米
长方盘长 15.60、宽 12.30、高 2.60 厘米
方盘长 12.30、宽 12.30、高 2.60 厘米

　　铜质。此组景泰蓝器物共计 81 件。包括长方盒、方盒、长方碟、方碟四种器型。

　　长方形盒与方形盒装饰相似，均为四壁直立，下承四足。口、边、足沿鎏金。器外壁以蓝色珐琅釉为地，中心掐丝填红色的宝相花一朵，以绿叶相衬。周围辅以缠枝莲纹。花朵硕大，枝叶肥厚，伸展自如。有棕眼底部中央錾阳文楷书 "潍县相府陈氏祭器" 八字双行款。两种碟均为内、外壁以蓝色珐琅釉为地，盘心掐丝填红色的宝相花一朵，以绿叶相衬。四周及盘外壁辅以缠枝莲纹。

　　整组器物胎体较厚，成型规矩，掐丝细致，填釉饱满，砂眼较小。

## 41 清 "潍县相府陈氏祭器"款青花矾红彩海水龙纹瓷器

清（1644 ～ 1911 年）

大碗口径 10.4、底径 4.7、高 6.0 厘米

小碗口径 9.9、底径 4.1、高 5.6 厘米

盏托直径分别为 8.4 ～ 9.3、高 1.8 厘米

小碟直径 10.3、高 1.8 厘米

　　瓷质。为一套器物，包括碗、碟、盏托等大小 5 种规格，共计 19 件。

　　碗敞口，深弧壁，圈足。内外施白釉，外壁以矾红彩绘双龙戏珠纹，翻腾于云海之间。辅以"卍"字锦地纹为装饰。

　　碟，撇口，折沿，浅斜壁，圈足。碟中心绘祥云纹围绕海水江崖纹、二龙戏珠纹及"卍"字锦纹。圈足内施白釉，以红彩书"潍县相府陈氏祭器"双行八字楷书款识。

　　盏托，敞口，浅斜壁，中心凸起盏槽，圈足。盏槽内绘五朵如意云，与碟纹饰一致。

潍坊市博物馆馆藏各历史时期可移动文物七万余件（套），包括石器、玉器、陶器、铜器、铁器、书画、碑刻造像及近现代文物等等，几乎涵盖文物的所有门类，众多文物中不乏国家一、二、三级珍贵文物。如史前"薄如纸、黑如漆、明如镜、硬如瓷"的精美的"蛋壳陶"——黑陶薄胎高柄杯；造型独特、宛如一只雄鸟引颈高昂、被赋予宗教色彩、视为图腾崇拜的陶鬶；汉唐时期充分体现中国古代绘画与雕刻、雕塑技艺水平及栩栩如生、生动反映当时社会生活的各类汉画像石刻、彩绘陶俑；清代"扬州八怪"之一、曾知潍县七年的郑板桥所做大幅《峭壁兰图轴》；造型清丽质朴、釉色淡雅醇厚、因瓜棱造就灵动之感的清乾隆仿官窑青釉瓜棱瓶等等。凡此种种，或为珍品、或为精品，它们承载着极丰富、极珍贵的历史、艺术、科技等信息，历经千年、百年，至今仍完好无损，成为人类流传、赏鉴、研讨、利用的宝贵财富。

在众多馆藏品中，还有许多或极具地方特色或极具历史研究价值的文物。

清代著名书画家、"扬州八怪"之一的郑板桥曾知潍县七载，期间留下了众多墨宝碑刻，其中最为珍贵的除被誉为"三绝碑"的《城隍庙碑》、《峭壁兰图》外，还有闪烁郑板桥执政理念与书法艺术特色的《修城记》。《修城记》为郑板桥知潍县时倡修潍县城墙，工竣，亲自撰、书并刻石以纪。纸本与刻石均藏于潍坊市博物馆。

由前述唐代铁佛知潍地冶铸技术之发达，作为一座以手工业闻名的小城，潍县曾有"三千铜铁匠，九千绣花女"之说，再加上清代民国金石学的昌盛，使得滥觞于明的潍县仿古铜这一冶铸仿古技艺，至清代更为勃兴，"潍县造"成为古董行中耳熟能详之词语。此次亦选取一二，展示潍县仿古铜的精妙绝伦。

其他如功德碑、记事碑、书画刻石等则更是石碑中遗存数量较多、较为多见的种类，为研究潍坊地区的古代宗教、绘画、雕塑、建筑、服饰、社会习俗等，提供了翔实的实物资料，它们构成了蕴藏丰富的古代物质文化群体。

### 42　新石器时代大汶口文化玉琀

距今约 6100 ～ 4600 年
长 4.0、宽 1.0、厚 1.0 厘米

　　玉质，色呈青绿。玉质莹润，通体磨光。锁形，器身较短，横断面呈方形，头部短尖，短圆锭。

　　玉琀，随葬时含于墓主人口中，这是大汶口文化时期葬俗特点之一。

### 43　新石器时代大汶口文化玉环

距今约 6100 ～ 4600 年
外径 4.7、孔径 1.9 厘米

　　玉质，色呈青黄。素面，通体磨光，局部土蚀，沁色较重。

### 44　新石器时代大汶口文化玉管

距今约 6100 ～ 4600 年
长 2.8、直径 1.2 厘米

　　玉质，色呈乳白。短鼓形，管身较粗短，中部略鼓，管孔系锭钻。通体磨光，管口部沁色较重。

## 45 新石器时代大汶口文化玉璇玑

距今约 6100 ~ 4600 年
长 4.4、宽 4.0 厘米

　　玉质，呈色白中微泛黄。外缘有等距离同方向的三旋凸齿牙，其中一齿牙残缺。通体磨光，但沁色较重。

　　玉璇玑富有动感的造型，新颖、别致，是古人聪明才智与超凡想象力的体现。

## 46 新石器时代大汶口文化玉镞形器

距今约 6100 ~ 4600 年
长 3.8、直径 1.0 厘米

　　白玉制成。器身较短，横断面呈长条形，圆柱形铤；通体磨光，有光泽。玉镞应是一种军事权力的象征。

## 47 战国玉瑗

战国（公元前 475 ~ 公元前 221 年）
外径 11.9、孔径 6.1 厘米

　　玉质，色呈青白微泛黄。通体磨光，素面无纹饰，有大面积橘黄色斑。

## 48　新石器时代大汶口文化石钺

距今约 6100 ～ 4600 年
长 9.9、宽 7.1、厚 0.7 厘米

　　矽质灰岩质。器体扁薄稍宽，平面呈长方形，直筒形单孔偏上，管钻而成，刃部呈钝角弧刃。通体磨光，玉质感强。

　　该器物与常见钺有异，当不仅是作为生产工具使用。

## 49　新石器时代龙山文化石钺

距今约 4600 ～ 4000 年

长 12.8、宽 9.0、厚 1.0 厘米。

　　辉绿岩质，石质坚硬。平面呈梯形，穿孔接近中部略偏上，双面管钻孔。刃部稍弧，较锋锐。通体打磨精致。

## 50　明荷叶洗

明（1368～1644年）

长9.8、宽7.9、高4.8厘米

　　青玉，局部有褐色沁。卷式荷叶造型，器身内外壁巧雕叶脉，器壁上部雕有四镂孔。

　　该器物造型简洁，线条舒朗，玉质温润细腻。作为文房用具，它既是一件精致的实用品，又堪称精美的工艺品。

## 51　清仿古玉刀

清（1644～1911年）

长17.5、宽6.3厘米

　　玉质，色呈黄绿。长条形，一端稍宽，刀背较直，靠近刀背处有两穿孔。通体素面无纹饰，沁色较重。

## 52  清仿古玉钺

清（1644～1911年）
长 17.2、宽 7.7 厘米

　　玉质，呈黄色。平面呈圆角梯形，刃部
较钝，上端一圆形穿孔。玉质光洁莹润，素
面无纹饰。

## 53 新石器时代大汶口文化红陶盉

距今约 6100 ～ 4600 年

通宽 17.0、腹围 53.4、高 26.0 厘米

　　夹细砂红陶。侈口，圆柱形长流斜伸，流口侧视呈三角形，喇叭形长颈，扁圆形腹，平底，宽扁鋬，凿形足侧面呈直角三角形；鼓腹处饰三鼻，足正面饰三窝纹。

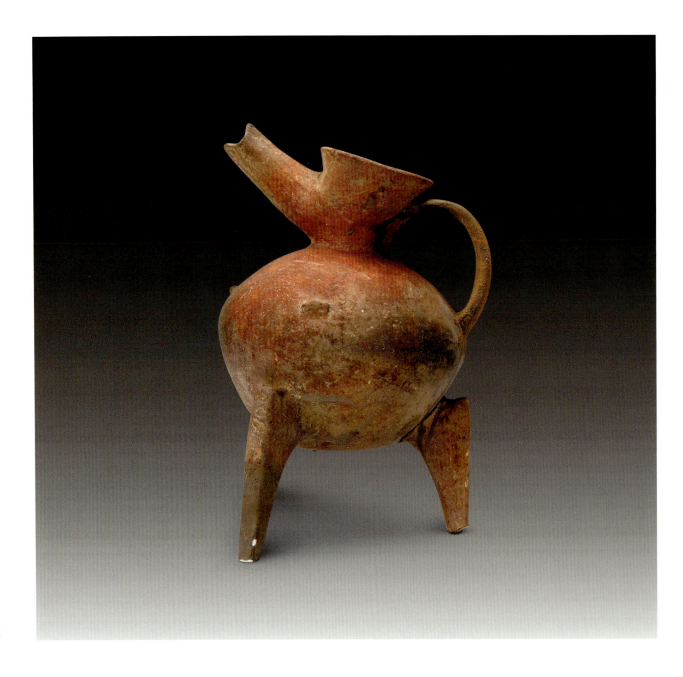

## 54 新石器时代大汶口文化灰陶盉

距今约 6100 ~ 4600 年

通宽 15.0、腹围 50.2、底径 8.8、高 29.2 厘米

　　泥质灰陶。圆柱形长嘴斜直外伸，盉口侧视呈斜弧形，直颈，折肩，腹呈长圆形，深腹直壁，圜底，矮圈足；腹上部附有拱形扁宽把手，盉嘴下部饰数周弦纹，腹部通体饰凹弦纹。

　　该器物线条硬朗，造型独特，较为少见。

距今约 6100 ～ 4600 年

通宽 20.7、高 21.0 厘米

　　夹细砂红褐陶。鸟喙形短流，侧视呈三角形，口微侈，喇叭形细短颈，扁圆形腹肥大，低裆，矮肥足，桥形长鋬；颈下部流前饰一大乳丁纹，鋬上饰一弦纹，下端两侧饰数道较深压印纹，腹部与把手下端连接处饰一周附加堆纹。

　　该器物器身低矮，似一只伏于地上正仰望高空的肥硕大鸟，造型独特优美。

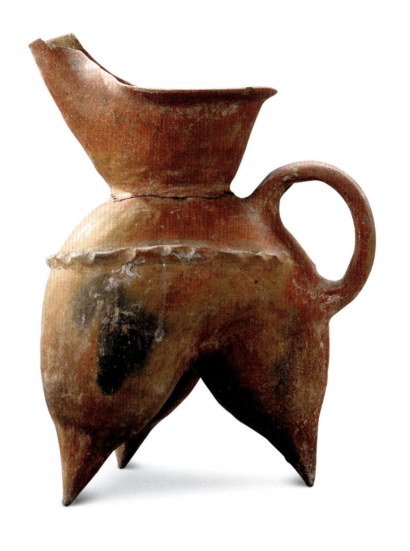

## 56　新石器时代大汶口文化红褐陶鬶

距今约 6100 ~ 4600 年
通宽 19.0、高 24.0 厘米

　　夹细砂红褐陶。流近圆形较短，颈粗短呈喇叭形，腹部不显，羊乳
形袋足；腹部饰一周附加堆纹。

　　羊乳形袋足陶鬶是山东地区新石器时代特有的器物造型。

距今约 6100 ～ 4600 年
通宽 22.0、高 28.0 厘米

　　夹砂灰褐陶。短流斜上伸，喇叭形细高颈，腹部不显，高裆，羊乳
形大袋足，柱状鋬。
　　羊乳形袋足陶鬶是山东地区新石器时代特有的器形。

## 58　新石器时代大汶口文化灰陶兽面纹大罐

距今约 6100 ~ 4600 年
口径 31.4、腹围 164.0、底径 16.2、高 47.5 厘米

　　泥质灰陶。敞口，矮颈，广肩，深圆鼓腹，最大腹径偏上，腹斜下收，平底；腹部饰三组弦纹，腹上部饰有两组兽面形图案，每组三个，相间排列，腹下部近底处饰篮纹。

　　该器物个体庞大，兽面纹极为独特。

## 59　新石器时代大汶口文化灰陶高柄壶

距今约 6100 ～ 4600 年
口径 7.3、腹围 31.4、底径 7.2、高 29.4 厘米

　　泥质灰陶。敞口，细高颈，扁圆鼓腹，长柄与颈部高度相当；柄部饰有上下两周圆形镂孔。

　　该器物造型独特，制作精美。

## 60　新石器时代大汶口文化红陶背壶

距今约 6100 ～ 4600 年
口径 11.6、底径 7.2、高 25.5 厘米

　　泥质红陶，外表有红色陶衣。溜肩，深腹，上腹部饰两耳，腹部一侧扁平，一侧圆鼓；肩腹部和耳有红色彩绘，肩部饰一周重叠的三角形纹，下部饰两两对角的三角形纹两组（现纹饰已模糊不清）。

## 61 新石器时代大汶口文化黑陶高柄杯

距今约 6100 ~ 4600 年
口径 7.7、底径 6.1、高 21.8 厘米

　　细泥质黑陶。敞口，杯身作束腰状，下端有折棱，圆柱形高柄，底座呈覆钵形；柄中部饰数道弦纹；轮制。

　　该器物造型简洁大气，器壁较薄光亮，制作技艺高超。

## 62 新石器时代大汶口文化黑陶高柄杯

距今约 6100 ~ 4600 年
口径 7.3、底径 5.8、高 17.0 厘米

　　细泥质黑陶。敞口，杯身下部呈扁圆形外鼓，圆柱形柄，折棱形器座，器座中间有一凹槽；杯身下部有压划的曲折纹及圆圈纹，柄部饰双排错开的圆形镂孔；轮制，局部磨光。

　　该器物制作精美，造型独特，具有较高的历史、艺术价值。

## 63 新石器时代大汶口文化黑陶高柄杯

距今约 6100 ～ 4600 年

口径 7.2、底径 6.0、高 21.5 厘米

　　细泥质黑陶。敞口，杯身略作束腰状，杯身底部有折棱；长橄榄形柄，柄最大径下垂，折棱形底座；杯身下半部满饰弦纹，柄部有四列圆形镂孔，每两列之间又饰两列三角形戳印纹；轮制。

　　该器物造型精美，制作技艺高超，堪称陶器中的精品。

距今约 6100 ～ 4600 年
高 59.5 厘米

　　夹砂灰陶。直口，窄折沿，筒形腹，器壁稍斜直，下腹徐徐内收至状；
器壁厚重，器身布满绳纹。

## 65 新石器时代大汶口文化灰陶坠

距今约 6100 ~ 4600 年

长 3.1、宽 2.5 厘米

泥质灰陶。器呈丁字形，两侧有穿孔。
该器物或为先民网鱼、编织之用。

## 66 新石器时代大汶口文化灰陶纺轮

距今约 6100 ~ 4600 年

直径 5.3、厚 0.9 厘米

泥质灰陶，古代纺织工具。算珠状，素面，
打磨光滑，中心有圆形穿孔。

**67　新石器时代龙山文化黑陶薄胎高柄杯**

距今约 4600 ~ 4000 年
口径 15.1、底径 6.5、高 17.5 厘米

　　细泥质黑陶。盘状器口较大、稍浅，杯身器壁上部较直、稍浅，下部收缩成较深的尖底垂入高柄内；杯身上下两部分之间有一折棱；柄呈束腰竹节形。轮制，通体磨光。

　　薄胎高柄杯俗称"蛋壳陶"，有"薄如纸、明如镜、黑如漆、硬如瓷"的特点，是中国古代制陶技艺最高水平的代表。

**68　新石器时代龙山文化黑陶薄胎高柄杯**

距今约 4600 ~ 4000 年
口径 13.3、底径 5.3、高 13.7 厘米

　　细泥质黑陶。盘口外敞、稍深，杯身呈筒形作束腰状垂与柄内，杯身和柄部的界限较明显，束腰形底座；杯身下部饰粗弦纹，柄部下端有一周斜划纹；轮制，通体磨光。

## 69 新石器时代龙山文化黑陶薄胎高柄杯

距今 4600 ~ 4000 年
口径 11.7、高 16.2 厘米

　　细泥质黑陶。喇叭形器口，柄高而呈束腰状，圈足形座微外撇。柄和底座饰密集的弦纹。通体磨光，乌黑油亮，杯口沿壁薄如蛋壳。

## 70 新石器时代龙山文化薄胎高柄杯

距今 4600 ~ 4000 年
口径 15.1、通高 17.5 厘米

　　细泥质黑陶。大浅盘状器口，杯体上部作短筒形，中空柄较细高；柄部饰竹节纹。

### 71 新石器时代大汶口文化灰陶鬶

距今约 6100 ~ 4600 年
高 27.0 厘米

　　夹砂灰陶。喇叭形细长颈，短流斜上伸，高裆，三纺锤形大袋足，腹部不显，柱状鋬。

### 72 新石器时代龙山文化灰陶高领罐

距今约 4600 ~ 4000 年
通高 16.2、口径 10.2、底径 7.0、腹围 48.7 厘米

　　泥质灰陶。侈口，卷沿，高颈，溜肩，圆鼓腹，平底微凹。
　　该器物制作精良。

## 73  商灰褐陶素面鬲

商（公元前 1600 年~公元前 1046 年）
通宽 27.3、通高 31.2 厘米

　　夹沙灰褐陶。敞口，宽折沿，腹部较深。圆裆，裆部较高；三空足外撇、作垂状长乳形，足尖呈粗圆乳突状。

　　素面鬲当为商代潍坊地区较为独特的古代遗存，具有较高的学术研究价值。

## 74　商周灰陶盔形器

商周（公元前 1600 ～公元前 221 年）
通宽 16.6、通高 18.3 厘米

　　夹砂灰陶。因烧制温度过高导致口部变形，直腹、圜底。胎体厚重，器身拍印粗绳纹。
　　该器物当为商周时期煮盐制盐之用具。

**75  隋青釉瓷钵**

隋（581～618年）
口径 11.3、腹围 69.0、底径 10.0、高 13.0 厘米

　　瓷质。圆唇，敛口，丰肩，鼓腹，平底。灰白色胎，施半釉，透明青釉玻璃质感强；釉面不匀，满布细碎开片，垂釉。器物敦厚，胎体致密。

## 76 隋青釉盘口壶

隋（581 ~ 618 年）
口径 8.0、底径 9.5、高 32.5 厘米

　　瓷质。盘口，细颈，椭圆鼓腹，饼形足。青釉，施半釉，近足处露胎。器身饰数周细弦纹。釉色纯正，釉面较为洁净、光亮，有垂釉现象。器型丰满，胎体厚重，胎质坚硬。

## 77 唐定窑系白釉注壶

唐（618 ~ 907 年）
口径 9.1、底径 7.7、高 20.1 厘米

　　瓷质。圆唇，喇叭形口，束颈，腹
下微敛，玉璧型底。肩一侧有短流，
对应一侧有壶柄，柄上端饰装饰结。
通体施白釉，白中微泛黄，釉面洁净
莹润、釉色光亮。胎体较轻薄，胎质
细腻致密。该器物造型端庄规整，较
为精美。

元（1271 ～ 1368 年）
口径 8.2、底径 8.6、高 25.0 厘米

　　瓷质。敞口，细长颈，溜肩，垂腹，浅圈足。通体施釉，腹中部以
上为白釉，白中泛黄，中部以下施褐釉。肩部两周酱釉纹带之间饰卷草纹。

## 79 明龙泉窑青釉云龙纹盘

明（1368 ～ 1644 年）
高 9.0、直径 43.0、底径 20.0 厘米

　　瓷质。花口、折沿、弧壁、平底、圈足。通体施青釉。盘壁饰凸菊瓣纹一周，内壁刻划卷枝纹，盘心印折枝牡丹纹。外底有一圈不规则的无釉支烧痕。此器器形硕大、纹饰生动，釉色莹澈明洁，是典型的明代龙泉窑瓷器。

## 80 清康熙素三彩折枝瓜果暗龙纹盘

清·康熙（1662～1722年）
口径26.1、高4.5厘米

　　瓷质。圆唇、敞口、腹壁斜直、浅圈足。白釉洁白莹润，素三彩主要为绿、黄、紫等色，呈色纯正。盘身内外均暗刻云龙纹为地纹，其上以绿、松石绿、娇黄、淡紫色等绘折枝佛手、桃、石榴三多纹，寓意多福、多寿、多子。圈足底沿露胎一周，底部中心青花双圈内书"大清康熙年制"六字三行楷书款识。

## 81 清康熙仿成化斗彩折枝花果纹盘

清·康熙（1662 ~ 1722 年）
口径 20.6、高 4.2 厘米

　　瓷质。胎体细腻洁白，釉面光润。圆唇、侈口、
浅腹弧壁、圈足。白釉白中微泛青，青花呈色淡雅。
通体以青花勾勒枝干花果的轮廓，再填以浓绿、
松石绿、娇黄、蛇紫、浓红、淡蓝等，诸色交相
辉映。盘内心饰折枝红果，内外壁均饰折枝花果纹。
圈足足沿露胎一周，釉底，底部中心青花双圈内
为青花"大明成化年制"六字双行楷书款识。

## 82 清雍正白釉鹿头尊

清（1723～1735年）
口径 13.9、底径 14.4、高 30.5 厘米

　　瓷质。直口，粗颈，溜肩，圆鼓腹，颈部两侧对称置鹿头形耳。通体施白釉，釉面有凹凸不平的橘皮纹及大小不一的开片。口沿及圈足边、底款施酱釉。底部印有"大清雍正年制"六字三行篆书款识。

## 83 清乾隆仿官窑青釉瓜棱瓶

清·乾隆（1736～1795 年）
腹径 14.5、高 21.2 厘米

　　瓷质。仿宋官窑之作。胎体敦厚，釉面光亮。浅盘形口，粗长颈、扁圆鼓腹、六棱形圈足。通体施天青釉，釉面遍布开片，颈、肩腹衔接处分饰数周凸棱，圈足底沿较宽，呈褐色铁足，釉底中心为青花"大清乾隆年制"六字三行篆书款识。

## 84 清乾隆蓝底黄釉龙戏珠纹盘

清·乾隆（1736～1795年）
口径 25.2、高 14.6 厘米

　　瓷质。圆唇、侈口、曲壁深腹、圈足。青花蓝地发色深沉，黄釉龙纹，釉色黄中泛绿。盘内心饰立龙戏珠纹，内外腹壁饰顺向二龙赶珠纹，龙纹之间辅以卷云纹、火纹，胫部为一周仰莲纹。圈足底部中心为青花"大清乾隆年制"六字三行篆书款识。

潍坊市博物馆 馆藏选粹 综合卷

第三部分　吉光片羽

瓷器

清·乾隆（1736～1795年）
腹径 37.2、高 50.0 厘米

　　瓷质。胎质细腻洁白，胎体致密。圆唇、直口、粗长颈、圆鼓腹、圈足。器物釉面光洁清亮。青花呈色稳定，蓝色纯正明快。口沿处饰一周回纹，器身满饰海水游龙纹。九条矫健威猛的白龙上下翻滚，腾跃于波涛汹涌的海水中。画面气势磅礴。

　　圈足底施白釉，足沿露胎一周。

**86　清乾隆蓝釉描金凤尾尊**

清·乾隆（1736～1795年）
口径23.0、底径13.5、高37.9厘米

　　瓷质。盘口，长束颈，丰肩，圆腹，腹以下渐敛，胫部外撇，圈足。
器外壁施蓝釉，内施白釉不到底。颈、腹部以金彩各饰一组遥相呼应的
龙凤纹，龙戏珠、凤回首，辅以满地的火云纹。圈足斜削，底部露胎。
　　该器胎质细腻，蓝釉闪烁着蓝宝石般的光泽，配以金彩，熠熠生辉、
光彩夺目。

## 87 清道光五彩水浒人物瓶

清·道光（1821～1850年）
口径 12.1、底径 11.1、高 46.0 厘米

　　瓷质。撇口，直颈，溜肩，腹渐敛，圈足。通体施釉，腹壁以五彩绘主题图案《水浒传》一百单八将。该器胎体轻薄、胎质细腻。人物绘画笔触生动，细致入微。画面先用墨彩勾勒，再填以红、绿、紫、赭、墨等色彩，颇显典雅。

## 88 清道光蓝釉地粉彩方瓶

清·道光（1821～1850年）
口径8.5、边长11.8、底径11.2、高25.2厘米

　　瓷质。直口，短颈，平折肩，方腹，圈足。
器内及颈部、胫部施松石绿釉，器外肩腹部满施
蓝釉；口沿处饰如意云头纹，器身共绘两组纹饰，
两两相对，分别为蓝地卷草纹中点缀蝠纹、铜钱
纹、缠枝莲纹托举的寿字纹、伞纹，另一组为蝠纹、
钱纹和缠枝莲纹、盖。圈足外壁绘花朵纹。底部
施松石绿釉，中为矾红彩"大清道光年制"六字
三行篆书款识。

**89 清霁蓝釉盘**

清（1644 ~ 1911 年）

口径 41.3、底径 19.9、高 7.4 厘米

　　瓷质。圆唇，浅弧壁，平底，圈足。通体施霁蓝釉，底部施白釉，釉色浓重匀净，釉面莹润；圈足底露胎。该器物胎体轻薄，造型规整。

## 90 清瓷孔雀绿釉尊

清（1644～1911 年）
口径 17.0、底径 14.3、高 39.0 厘米

　　瓷质。敞口，束颈，溜肩，圆腹渐敛，圈足。器内及圈足内施白釉，外施孔雀绿釉，呈色青翠，釉面玻璃质感强；开细碎纹片，颈、腹及腹胫相接处刻弦纹数道。

## 91 清黄釉地粉彩凤穿牡丹纹盖罐

清（1644 ~ 1911 年）
底径 14.5、高 30.3 厘米

　　瓷质。丰肩，长圆腹渐敛，圈足。通体施黄釉，底部施白釉。瓶外壁主体绘粉彩龙凤穿牡丹花纹，辅以如意云头纹、变形仰莲瓣纹。圈足内施白釉，圈足斜削无釉。

## 92 清霁红釉冬瓜罐

清（1644～1911年）

口径 9.5、底径 15.2、高 31.0 厘米

　　瓷质。圆钮小盖，罐体敛口丰肩，形似冬瓜，又称冬瓜罐。通体施红釉，釉色均匀凝重。底部露胎。胎体厚重致密。

## 93 清光绪青花云龙纹盘

清·光绪（1875～1908年）

口径 18.5、底径 10.9、高 3.8 厘米

　　瓷质。圆唇、侈口、曲壁深腹、浅圈足。釉面光亮，白釉白中泛青，青花呈色浓艳深沉。盘内心青花双圈内以青花饰立龙戏珠，火云纹环绕其间；盘外壁饰青花游龙追珠纹，火云纹遍布其中。圈足底部中心为青花"大清光绪年制"六字双行楷书款识。

## 94　清光绪青花双凤纹盘

清·光绪（1875 ~ 1908 年）
口径 26.4、高 5.0 厘米

　　瓷质。侈口，浅腹弧壁，圈足。白釉釉色微泛灰青；青花发色浓艳，局部蓝中呈锈斑。盘内心饰相对的双凤纹，凤纹之间填饰卷云纹。圈足釉底中心为青花"大清光绪年制"六字双行楷书款识。

## 95 清光绪青花如意云寿纹盘

清·光绪（1875 ~ 1908 年）
口径 26.5、高 4.8 厘米

　　瓷质。圆唇，侈口，浅腹弧壁，浅圈足。白釉釉色
亮白，白中泛青；青花呈色稳定，发色深浓。盘内心饰
团花变体如意云纹，内壁均等分布八个由篆书变化的艺
术体"寿"字纹；盘外壁口沿下饰一周如意云纹，胫部
为贯套如意云纹。圈足底沿露胎一周，釉底中心书青花
"大清光绪年制"六字双行楷书款识。

**96　清光绪粉彩百蝠纹荸荠瓶**

清·光绪（1875～1908年）
腹径 25.0、高 33.3 厘米

　　瓷质。直口、长粗颈、圆鼓腹、圈足。白釉，釉色洁白光亮；粉彩淡雅柔和。口沿处金彩下饰一周黄地粉彩如意云纹，瓶身满绘红色蝠纹，其间杂以十字云纹，胫部为一周仰莲纹。釉底中心以红彩书"大清光绪年制"六字双行楷书款识。
　　该器物制作极为精细，画风清丽典雅，应是光绪朝的精品之作。

**清光绪仿雍正款青花朱龙盖碗**

清·光绪（1875～1908 年）
口径 17.1、底径 6.8、高 11.5 厘米

瓷质。敞口，深弧壁，圈足。器盖呈拱形，带环行抓钮，子母口结构。内外施白釉，碗心绘云龙纹，器盖及器身外壁均饰二龙追珠纹，龙纹均以矾红彩绘；多周弦纹、如意云纹及胫部仰莲纹则以青花绘。底部及抓钮内均以墨彩书"大清雍正年制"六字三行篆书款识。该器物应是光绪仿雍正朝之作。

清（1644 ～ 1911 年）
上径 28.8、下径 28.8、高 45.0 厘米

　　瓷质，高坐具。鼓形，平顶，束颈，溜肩，圆腹斜下收，最大腹径在肩下。白釉釉面光亮，青花呈色稳定，清丽淡雅。器身满饰缠枝莲纹，平顶中心饰镂空钱纹，肩腹部为三组两两相交的镂空钱纹，下腹部则饰三组长条形束腰镂空与其上的镂空钱纹相错。

　　该绣墩当为清中期产品。

**99 清嵌元钧釉瓷片红木挂屏**

清（1644～1911年）
纵96.3、横40.3厘米

　　木镶瓷。以红木攒框嵌瓷片而成，共四条，顶端皆饰铜挂件。每条挂屏镶嵌元钧釉瓷片十块。匠人巧妙利用瓷片之形状镶嵌，形态各异。钧瓷素有"纵有家财万贯，不如钧瓷一片"之说。此套挂屏收纳四十片钧瓷，片片带红，十分难得。

## 100 商青铜鼎

商（公元前1600～公元前1046年）
口径19.5、高23.0厘米

　　青铜质。方唇，平折沿，立耳，深腹，腹壁较直，下腹部稍圆鼓，三柱足；器外口沿下饰一周兽面纹。器内壁铸"白父作宝鼎"铭，此为伪铭，系清末民国时铸，经焊接，焊接点较为明显。该器当是潍县仿古铜作伪方式之一"原器新铭"的代表作。

西周（公元前 1046 ~ 公元前 771 年）
通宽 17.3、通高 17.7 厘米

　　青铜质。厚流，菌形柱立于口上紧靠流折处，圆体短杯式杯体，腹壁较直，下腹略大于上腹，圜底，三角刀形足，短鋬；柱帽上刻有纹饰，杯身上部饰三组凸弦纹。

**102　西周青铜爵**

西周（公元前 1046 ~ 公元前 771 年）
通宽 16.0、通高 19.8 厘米

　　青铜质。厚流，菌形柱立于口上，距流折处约 2 厘米，圆体长杯式杯体，直腹壁，下腹略大于上腹，圜底，三角锥形足，短鋬；柱帽上刻有纹饰，杯身上部饰三组凸弦纹。

## 103 春秋青铜甑

春秋（公元前 770 ~公元前 476 年）
口径 29.8、通宽 33.3、底径 15.7、通高 21.1 厘米

青铜质。宽折沿，粗颈，小折肩，深腹，腹壁斜直，附耳。颈部饰一周云雷纹。

该器物原是春秋铜甗的上半部，即甑部。底部后重铸，为平底，同时，在器内壁刻伪铭“唯王……子子孙孙永宝”，使旧器铜甗的一部分被改造成一件独立完整的器物。这是明清时期潍县仿古铜作伪技艺的典型代表。

春秋・战国（公元前 770 ~ 公元前 221 年）
通长 17.5 ~ 18.5、宽 2.8 ~ 3 厘米

　　青铜质。为春秋战国时期齐国使用的刀形金属铸币。尖首、弧背
凹刃，刀柄扁平，柄上有两条纵纹，刀柄末有圆环，刀身轮廓线较高。
刀币面文主要有"齐之法化"、"节墨之法化"、"安阳之法化"、"齐
建邦㿭法化"、"齐法化"等。

　　齐刀币始铸于春秋中叶，迄于战国末年。

战国（公元前 475～公元前 221 年）
通长 18.6、宽 13.9；援身长 15.7、宽 3.5；胡长 8.5、宽 2.5 厘米

　　青铜质。此戈内被切去大半，所余部分长仅 2.5 厘米，内上边郭经凿击呈三个台阶状；援部前伸，隆脊偏上，首稍残佚，上、下弧刃各有不等齿状缺口，援身正反面均留斑驳泐痕；胡部宽度与援身相应，两刃相交呈平滑弧形，下端平齐，与阑齿相交呈近直角阑侧三穿；胡上有纵行凿刻铭文"车大夫长画"，其中，"大夫"为合文。

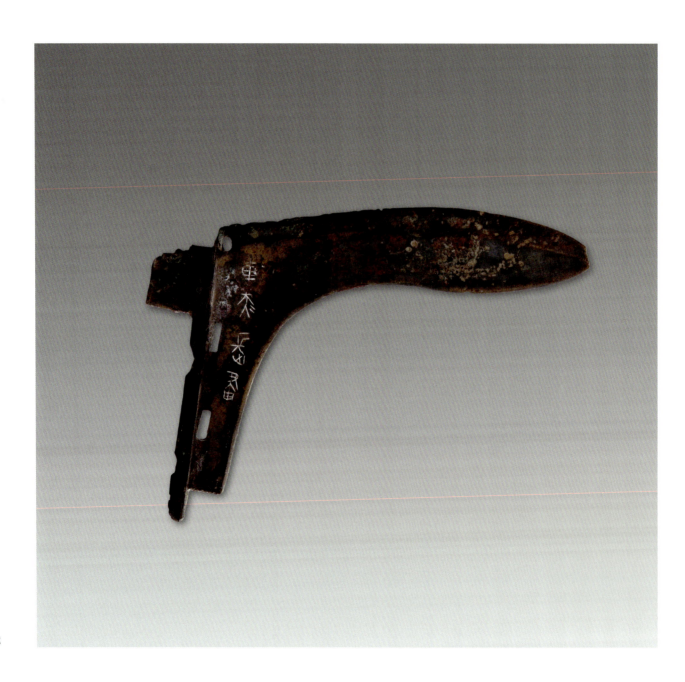

## 106 战国青铜剑

战国（公元前 475 ~ 公元前 221 年）
通长 50.0、宽 4.5 厘米

　　青铜质。尖锋，腊长而两从保持平行，
至锋处尖削，厚格倒"凹"字形，圆茎，
双道箍，有首。

清（1644 ~ 1911 年）
通长31.5、通高7.3 厘米

　　白铜质。如意形，附木座，香薰可拆分。器身满饰不同书体"寿"字，器面镂空，镂雕"宜子孙大富贵作长乐寿命昌如矦王"铭文。

## 108　西汉宽带纹铜钟

西汉（公元前 206 ~ 220 年）
口径 18.3、腹径 35.6、通高 43.5 厘米

　　青铜质。口微侈，长束颈，溜肩，球形腹，圈足；口沿、颈肩衔接处、腹中及腹下部各饰一周宽带纹，肩腹衔接处饰两铺首衔环。

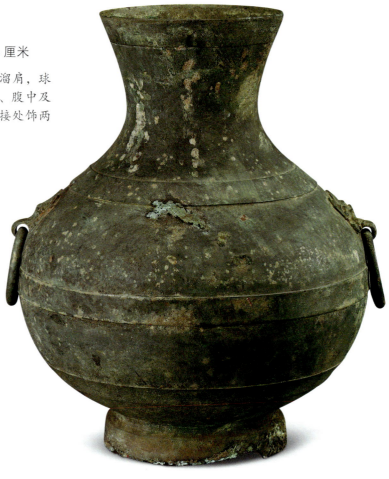

## 109　明铜甪端熏

明（1368 ~ 1644 年）
通宽 13.5、通高 16.5 厘米

　　铜质。兽形造型，兽首为盖，头部一独角直立，耳与颈部有鬃毛；兽身为炉，饰卷云纹，四腿粗壮，直立作器足，腹中空，可填香料。

　　此铜熏炉制作精良，且以甪端为造型，兽首口张，舌微伸出，似面带俏笑呈调皮状，形象极为可爱。

**汉四乳四虺铜镜**

汉（公元前202～220年）

直径14.6、厚0.7厘米

　　青铜质。圆形，半球形钮，十二连珠纹钮座，主体纹饰为相间环绕排列的四乳四虺，四虺呈钩形躯体，每虺上下分布有三只小鸟，素宽缘，镜面光亮。

## 111 汉佳镜铭四神博局铜镜

汉（公元前 202 ~ 220 年）
直径 16.1、厚 0.6 厘米

　　青铜质。圆形，半球形钮，十二地支钮座；主体纹饰分两周：内为四神与规矩纹区，外为铭文带"作佳镜成真大好，上有仙人不知老，渴饮澧泉饥食枣，游浮天下敖四海，寿敝金石为国保。"宽边缘，饰两周纹饰，内为一周三角形锯齿纹，外为一周波浪纹。

　　该铜镜镜面漆黑光亮，镜面仍光可鉴人。

## 112　汉昭明铭铜镜

汉（公元前 202 ~ 220 年）
直径 10.7、厚 0.65 厘米

　　青铜质。圆形，小环钮，圆钮座，钮座外为八个内向连弧纹，外围一周铭文带"内而清而以而昭而明而，光而象而夫而日而月而"。素宽缘。

## 113　汉家常富贵铭铜镜

汉（公元前 202 ~ 220 年）
直径 15.4、厚 0.6 厘米

　　青铜质。圆形，半球形钮，十二连珠纹钮座，钮座外有一周凸起的内向十六连弧纹，主体纹饰为"家常富贵"铭文，每字间隔八连珠纹，宽缘饰十六内向连弧纹。

114　**汉四乳龙虎铜镜**

汉（公元前 202 ～ 220 年）
直径 13.9、厚 0.5 厘米

　　青铜质。圆形，半球形钮，柿蒂纹钮座，主题纹饰为四乳钉间龙
虎纹相间。边缘较宽，饰一周曲折纹，为"黑漆古"镜，镜面光可鉴人，
为铜镜中之佳作。

## 115　汉魏君宜铭三区段式神人铜镜

汉魏（公元前 202 ~ 265 年）
直径 12.9、厚 0.35 厘米

　　青铜质。圆形，半球形钮，圆钮座。内区，两条夹钮的平行线将
镜背分为上中下三段。中段两位主神隔钮头向相对端坐；上下两段为
其他神人；外区为铭文带与斜线纹与缠枝纹带，带框之字与半瓦当相间，
铭文为"宜君高官位至三公大吉利"；素缘。

### 116　唐缠枝花鸟铜镜

唐（618 ～ 907 年）
直径 9.3、厚 0.45 厘米

　　青铜质。八瓣菱花形，小半球形钮；高齿纹圈将纹饰分为内外两区，内外区均有四鸟与四缠枝花相间环绕，边缘饰一周云气纹。镜面光亮，制作精美。

### 117　唐双鸾双兽铜镜

唐（618 ～ 907 年）
直径 13.6、厚 0.89 厘米

　　青铜质。八瓣菱花形，半球形钮。主题纹饰为双鸾双兽，两凤鸟与两瑞兽相间，两凤鸟作回首翘尾状，两瑞兽作昂首翘尾奔驰状，边缘各瓣中有四朵花与四只蝴蝶相间。镜面光亮，制作精美。

## 118 唐缠枝葡萄铜镜

唐（618～907 年）
直径 9.3、厚 0.66 厘米

　　青铜质。圆形，半球形钮，八个外向连弧纹圆钮座，每个连弧纹内有两圆点；高凸棱圈将主题纹饰分为内外两区，内区为一周葡萄纹，外区为一周缠枝花纹；边缘凸起，饰一周点线纹。

## 119 唐瑞兽葡萄铜镜

唐（618～907 年）
直径 11.8、厚 1.1 厘米

　　青铜质。圆形，兽钮；高凸棱圈将主题纹饰分为内外两区，内区四瑞兽同向在葡萄蔓枝间做奔驰状，外区为十二只站立与飞翔的小鸟相间，缠枝葡萄蔓延内外两区，凸起的边缘为一周葡萄枝纹。

## 120 宋人物铜镜

宋（960～1279 年）
直径 11.8、厚 0.5 厘米

　　青铜质。八瓣菱花形，小半球形钮。钮的右侧山下三人站立在桥上，中间一人，被左右两侍搀扶；钮左侧有一株大树，树下一人端坐，身后站一人，钮下方似为一兔正在捣药；素缘凸起。

## 121 宋王质观弈故事铜镜

宋（960 ~ 1279 年）
直径 11.7、厚 0.45 厘米

　　青铜质。八瓣菱花形，半球形钮。背面为晋朝王质"观弈烂柯"的故事。钮的左上部两人席地而坐，正在奕棋，中间一人观棋；钮的右方为一株大树，树下两侧各有两人形态相似，似作交谈状。素缘。

## 122 宋楼阁人物铜镜

宋（960 ~ 1279 年）
直径 18.0、厚 0.65 厘米

　　青铜质。八瓣菱花形，半球形钮。钮上方为半露的楼阁，虚掩的门边有一人站立；钮左侧为一株大树，钮下方为一长桥，桥右端有三人，中间一人端坐，两侧各有一侍者，手拿宝扇站立，桥左侧一人手持幡物站立，其后稍远有一人弯腰拱手作揖状。窄素缘凸起。

## 123  宋双龙铜镜

宋（960 ~ 1279 年）

直径 14.8、厚 0.5 厘米

　　青铜质。八瓣菱花形，半球形钮。画面为两龙隔钮相对，形态相似。两龙头对着圆钮，作二龙戏珠状；右侧龙口大张，左侧龙口则紧闭，龙周围云气纹相杂。钮下方立着一三足香炉。凸起的素窄边缘内每瓣中饰云气纹。

金（1115 ~ 1234 年）
直径 9.8、柄长 8.5、厚 0.6 厘米

　　青铜质。圆形有柄。内区正中端坐一人，着宽袖长衫，后立一侍，手中有物，边缘一树，枝干斜生至镜上部，树梢一轮太阳，云上仙鹤飞翔，地下灵龟爬行；外区为细叶缠枝花纹带。窄素缘。柄部亦饰瑞兽。

**125 明五子登科铜镜**

明（1368～1644年）

直径 21.3、厚 0.95 厘米

　　青铜质。圆形，圆钮，环钮铸有四个双线方框，框内分别为楷书"五子登科"铭，在"五"字两侧分别有两个竖长方形框，框内八字两行铭文已模糊不清。双窄素缘凸起。

## 126　明马远款山林归樵图

明（1368～1644年）
纵143.5、横76.0厘米

　　绢本。水墨。为明人仿马远之作。此图以大斧劈皴绘出山石、坡路，
枯树虬枝、人物衣纹的线条用笔生动丰富，跳跃提转，浓淡相宜，画
面左下角署"河中马远"楷书小款。画面左下角、右上方及右下角钤
多方鉴藏印：朱文一方（字迹不清）、"【】西邓氏善之"朱文、"【】
国世家"白文、"嬛秀堂章"朱文、"鲜于"朱文、"古吴陆氏五美
堂图书"朱文、"平章斋宅"白文等。该画作明人书画气息鲜明。

　　马远，字遥父，号钦山，祖籍河中（今山西永济），生长在钱塘（今
浙江杭州）。出身绘画世家，南宋光宗、宁宗两朝画院待诏。擅画山
水、人物、花鸟，山喜作边角小景，世称"马一角"。与李唐、刘松年、
夏圭并称"南宋四家"。

## 127 明汪肇猫雀图轴

明（1368～1644 年）
纵 136.5、横 79.7 厘米

　　绢本。设色。画面右侧绘耸立峻峭山石，其周遭灌木花草丛生，在草丛中则伏一抬头仰望、躬身欲纵未纵的灵猫，正虎视眈眈。左侧边缘中部则绘两只上下翻飞嬉戏相逐的麻雀。此幅画作选材生动，富有生活情趣，给人一种"画有尽而意无穷"的艺术体味。左上草书题款"海云"，钤"王氏德初"朱文印。

　　汪肇，字德初，自号海云，明代安徽休宁人。善画山水、人物、花鸟。

## 128　明赵伯驹款山水图轴

明（1368 ～ 1644 年）

纵 163.0、横 100.2 厘米

　　绢本。设色。为明人仿赵伯驹之作。此图以传统"散点透视"法，将高远、平远和深远结合起来，表现了重山复岭，层峦叠嶂，苍松古树，云烟缥缈，江河之上泛舟饮谈等的场景；绘画笔法细劲工致，设色青绿清雅凝重，整体画面奇伟壮丽。左上角题款为"千里伯驹"，下钤"赵千里印"朱文、"伯驹"白文印。

　　赵伯驹（1120 ～ 1182 年），南宋著名画家，字千里，为宋朝宗室。工画山水、花果、翎毛，笔致秀丽，尤长金碧山水。

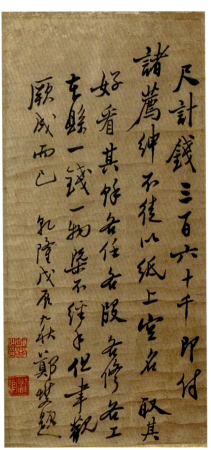
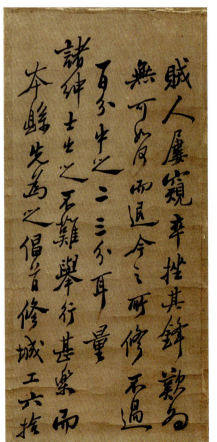

### 129　清郑燮行书修城记四幅屏

清·乾隆戊辰（1748年）
纵48.8、横23.1厘米

纸本。行书。该墨迹原为横式整幅，后人截为四幅屏。此文为郑板桥知潍县时督修城墙，工讫而撰以纪。通篇仅200余字，却全面阐述了修城为民的宗旨与造福潍县百姓的重要意义，字里行间皆是板桥爱民之心的自然流露，亦是他一生不染、两袖清风、清正廉洁的真实写照。

郑板桥（1693~1765年）名燮，字克柔，号板桥。江苏兴化人。清代著名书画家，"扬州八怪"之一。曾知潍县。工诗词，善书法，尤精兰竹。

## 130 清郑燮行书七言联

清（1644～1911年）
纵151.5、横30.0厘米

　　纸本。行书。上联"有子才如不羁马"，钤"潍夷长"白文印；下联"知君身是后凋松"，钤"燮何力之有焉"白文、"橄榄轩"朱文印。款署"书贺君谋老先生暨令郎翊清年兄，板桥郑燮"。

　　此联书体以隶、楷、行相融，并掺以兰竹笔法，欹侧之势，倾而不倒，笔力遒劲，个性横生。

### 131　清郑燮行书静俭斋横披

清（1644 ～ 1911 年）

纵 59.3、横 123.0 厘米

　　纸本。大字行书。"静俭斋"三字，字高约38厘米，字体遒劲俊逸，如雪柏风松，挺然而秀出于风尘之表。款署"板桥"。右上角钤"俗吏"朱文印，左下角钤"郑燮印"白文、"克柔"朱文印，还有一印已辨认不清。此书取势欹侧，端庄大气，极具板桥书风，是其传世墨迹中少见的大字之作。

清（1644～1911年）
纵172.2、横90.5厘米

纸本。行书。书七律诗："春风十里送啼莺，山色江光翠满城。曲岸红薇明涧水，矮窗白纸出书声。衙斋种豆官无事，刀笔题诗吏有名。昨夜村灯鱼藕肆，青帘醇酒见人情。"款署"书为翁年学长兄正，板桥郑燮"，右上角钤"郑板桥"白文印，左下角钤"乾隆东封书画史"白文、"丙辰进士"朱文印。此书法作品为郑板桥自创"六分半书"书体代表作。

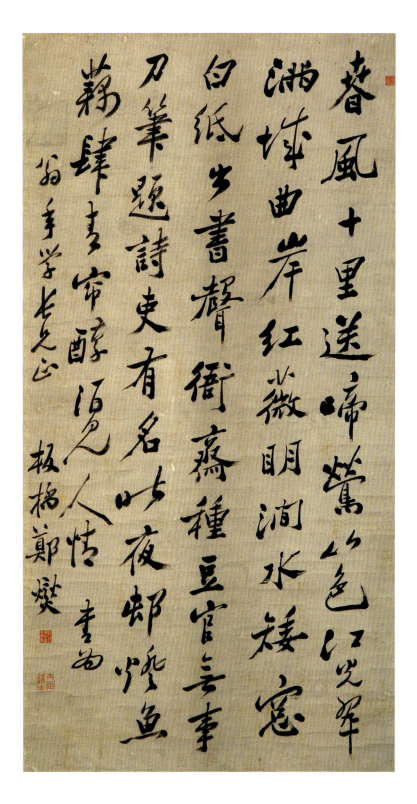

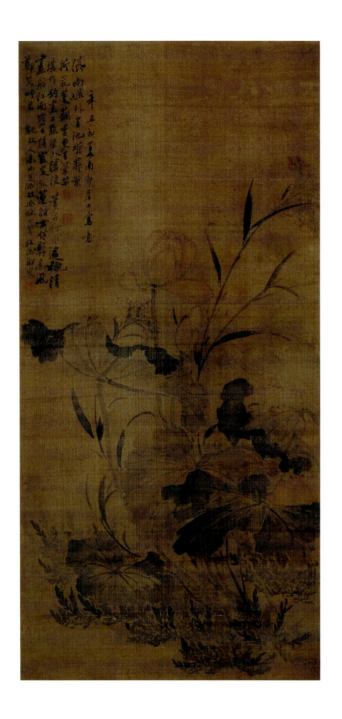

## 133　清高凤翰绘郑燮题风荷图轴

清·康熙辛丑年（1721 年）
纵 142.5、横 69.2 厘米

　　绢本。设色。画面以写意笔法绘荇草、荷花、芦苇，皆用"没骨"画法，以墨之浓淡干湿来表现荷叶的荣枯翻卷，只有三朵莲花用极浅的墨线勾出轮廓，后敷以淡淡的浅曙红色，来提高墨色的鲜明度和丰富性，于酣畅的墨色中飘荡出清风逸气，具有浓郁的书卷气息。画幅左上为作者自题："辛丑初夏，南邨居士写意。"下钤朱文印"南邨"、白文印"高凤翰"。左上方为郑板桥题七言诗二首，钤白文印"郑燮之印"。题款用板桥特有的"六分半书"体写就，潇洒轻快，清新爽朗，且与右边挺然而立的芦花遥相呼应，增强了画面的整体美感。此幅作品为郑板桥、高凤翰二人难得一见的书画合作之佳作。

清·乾隆丁巳年（1737年）
纵127.0、横48.0厘米

　　纸本。草书。此幅作品共题诗十七首，为高凤翰五十五岁右手病残后所作。其一改右书传统书法的楷行草相结合、结构严谨的特点，以章草入笔，粗犷有力，厚重而不失法度；笔力苍辣，朴拙而有生趣，是高凤翰左书的代表力作。款署"残春漫漫写春荫，乾隆丁巳南阜老人瘝左手"。钤"老阜"、"高凤翰印"、"西园"、"胶州海上庐法氏珍藏"白文印。

　　高凤翰（1683～1749年），字西园，号南村，又号南阜、云阜，山东胶州人，寓扬州，为乾隆时"扬州画派"之中坚。好学善文，能诗擅画，复能治印。

清·乾隆十四年（1749 年）
纵 78.0、横 105.8 厘米

　　纸本。水墨设色。此画描绘了江苏兴化郊外十里清溪荷塘之景。作者以简洁笔法绘柳树枝叶，工笔细画树上之鸣蝉；柳树下站立的两只鸭子，则是工笔、写意相兼；其周遭则用简笔画成硕大荷叶，荷叶之上盛开的荷花用粉红着色，给人一种简洁、清凉、脱俗之气。左上角自题诗曰："洗尽脂容绝粉华，清溪十里是吾家。秋风不起飘零怨，科甲连绵寄永涯。乾隆十四年七月，复堂李鱓"。下钤白文印"鱓印"、朱文印"宗杨"，右下角一方压角印，已模糊不清。

　　李鱓（1686～1762 年），字宗扬，号复堂，别号懊道人、墨磨人，清代著名书画家，扬州八怪之一，江苏省扬州府兴化县（今兴化市）人。

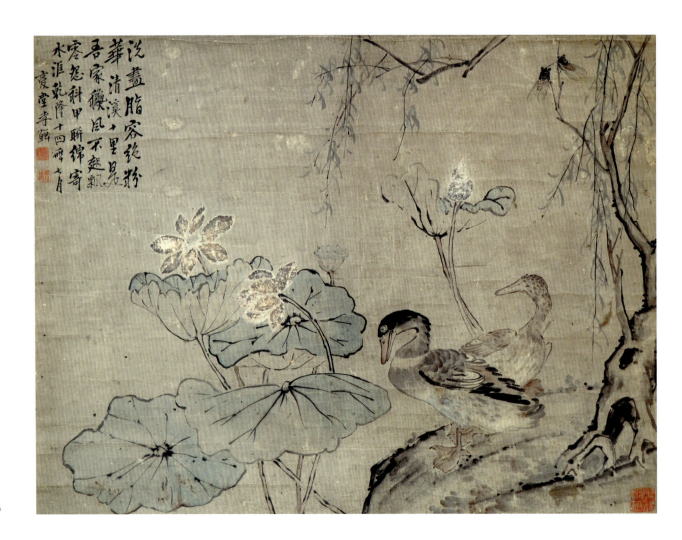

## 136 清黄慎鹭荷图轴

清（1644～1911年）

纵 164.5、横 95.0 厘米

　　纸本。水墨设色。画面右下绘数枝荷花跃然荷塘之上婷婷而立，四只白鹭于荷下觅食嬉戏，神态各异；画面左上角绘一只飘然而至的白鹭于空中俯视，引荷下一只白鹭仰首相看。左上角草书题跋，落款"瘿瓢"，与右下之画相应，钤"黄慎"朱文、"瘿瓢"白文印。

　　黄慎（1687～1768年），字恭寿，号瘿瓢，福建宁化人。清代著名书画家，"扬州八怪"之一。工草书、善人物泼墨。

## 137　清法若真松鹤图轴

清（1644～1911年）

纵221.0、横98.5厘米

　　纸本。设色。画中苍松古郁，顶天立地，松下，以工笔细绘亭亭而立的白鹤，白鹤毛羽丰润绚丽，在质感、色彩上与松针形成鲜明对比。白鹤松下顾盼回眸，与挺拔的苍松相得益彰，契合了"松鹤延年"的主题。左上角题款"云根脱百尺，俾羽渡千年，为□□年姻台颂，黄山八十一老人真"，后钤朱文、白文两方印章，右下角钤朱文印章一方，均磨泐不清。松鹤为民间传统常用的寓意吉祥祝寿的题材。

　　法若真（1613～1691年），字汉儒，号黄山、黄石，山东胶州城人。善作山水，大幅作品尤别有风骨。精于书法，诗词。

## 138 清禹之鼎杏花图轴

清（1644～1911年）
纵190.0、横59.6厘米

　　绢本。工笔设色。此画以传统"折枝"构图法，截取池塘岸边杏树繁花的一处枝头，以工笔细画道干、嫩枝、杏花，在参差错落中，求得疏密有致。在杏枝繁花与岸边苇草交相掩映下的池塘里，数只野鸭漫游其上，怡然自乐，为整体画面平添了许多天然生趣。画中右侧小楷落款"广陵禹之鼎绘"，下钤朱文印"慎斋"、白文印"禹之鼎"。

　　禹之鼎（1647～1716年），字尚吉，一字尚基，一作尚稽，号慎斋。江苏江都（今扬州）人。擅山水、人物、花鸟、走兽，尤精肖像。

清（1644～1911年）

纵122.7、横60.0厘米

　　纸本。行书，书录陶渊明《庚戌岁九月中与西田获早稻》五言诗，后钤"何绍基印"朱文、"子贞"白文印。该书作笔锋内敛而不外放，强调古劲厚远之气，字间笔画参差错落，劲伟中表达缓绰、疏散，添增无限古意。

　　何绍基（1799～1873年），字子贞，号东洲，别号东洲居士，晚号蝯叟。清湖南道州（今道县）人。诗人、学者、书法家。通经史，精小学金石碑版。书法初学颜真卿，又融汉魏而自成一家，尤长草书。

## 140 清招子庸墨竹图轴

清·道光七年（1827年）
纵244.0、横86.5厘米

　　绢本。墨色。此画以写实笔法绘茂竹、窠石，运用水墨画特有的墨分五色技法之变化，将茂竹的阴阳、远近充分展现而出。其用笔吸取魏碑之法，工整洒脱，劲健有力。左侧题"道光七年正月，铭山招子庸"，下钤"铭山"朱文印；画面左下角钤"□和海南共赏"白文印。

　　招子庸，原名功，字铭山，号明珊居士。清广东南海横沙人。其生于书香之家，文笔矫健，诗文造诣颇深，亦善画工笔画，且精通韵律。

## 141 清招子庸朱竹图轴

清·道光辛丑（1841年）

纵234.0、横119.0厘米

　　纸本。朱色。此画以朱砂代墨，绘出苍苍巨竹，撑出画面。其用笔写实工整，用色浓淡相宜，虚实相生。左上为题诗、跋，下钤"招子庸印"白文、"铭山"朱文印。此画作，以画入诗，以诗写画，借竹影、竹语抒发恬淡之情感，满纸文气扑面，极具清雅风韵。

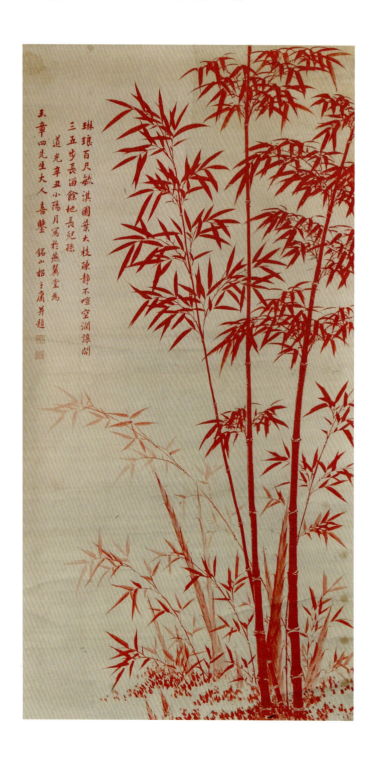

## 142 清张士保人物图轴 ▶

清（1644～1911年）

纵122.7、横72.0厘米

　　纸本。设色人物。此画绘神道故事人物，其笔法结构承袭陈洪绶的线条清圆细劲又疏旷散逸之特点，衣纹圆润流畅，工细均整，造型略夸张，设色典雅，具有装饰风韵，虽质朴而格调甚高，所绘人物虔肃静穆，神态生动。画面右下方题"张士保敬写"，下钤"臣保"白文印。

　　张士保（1805～1878年），字鞠如，号菊如。清山东掖县（今莱州市）人。嗜好金石文字，其行、楷、篆、隶，无所不精，尤以钟鼎文见长。善山水、花鸟，尤工人物

## 143　明刻本《词林人物考》

明·万历甲辰年（1604 年）
纵 25.0、横 16.2 厘米

　　纸质。线装。明代王兆雲撰。全书 1 函 10 册，12 卷；正文每半页 9 行 18 字，小字双行同，白口，左右双边，单黑鱼尾。
　　该书记录明代词林人物 447 人的生平事迹，考证严谨，具有较高的史料价值。

### 144  明刻本《宋本说文解字》

明（1368 ~ 1644 年）
纵 28.3、横 18.0 厘米

　　纸质。线装。汉代许慎编撰，宋代徐铉校定。全书 1 函 5 册，15 卷；正文每半页 10 行，行字不等，小字双行行字不等；白口，左右双边，单黑鱼尾。内钤有钱谦益、项子京、董其昌、石樵、马海曲等多人收藏章。
　　《说文解字》集古文经学训诂之大成，是后代研究文字及编辑字书最重要的依据。

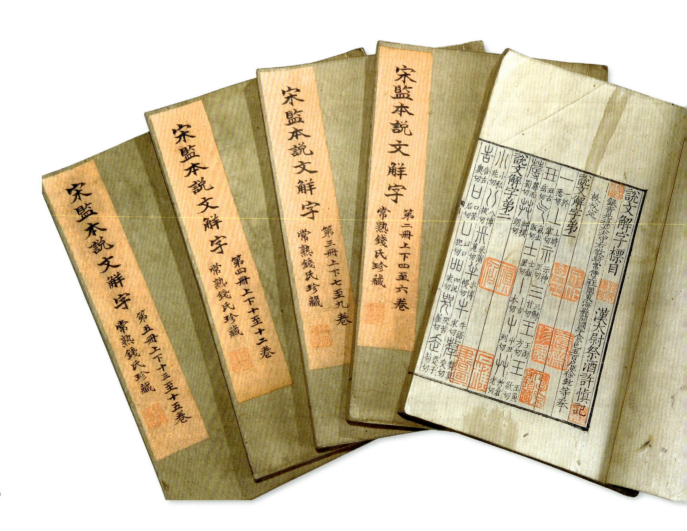

宋本許氏說文

壹部共五冊
淄海馬氏珍藏

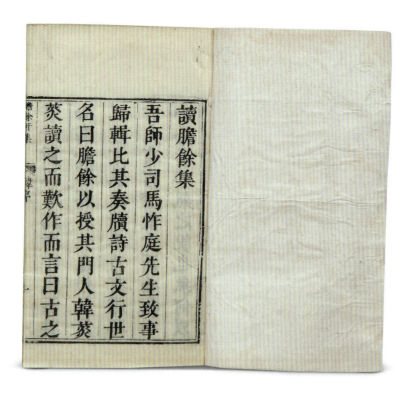

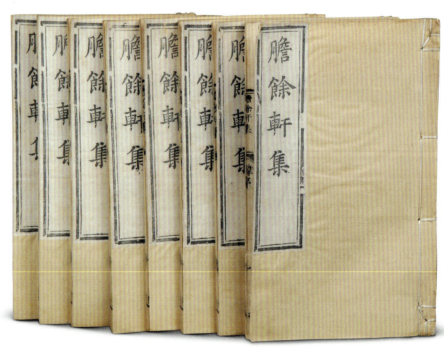

## 145　清刻本《赡馀轩集》

清·康熙三十五年（1696 年）
纵 25.0、横 16.0 厘米

　　纸质。线装。清代孙光祀撰。全书 1 函 8 册，8 卷；正文每半页
18 行 18 字，白口，四周双边，单黑鱼尾。
　　《赡馀轩集》汇集了作者包括序、论、策问、诏说、议、评、疏、
表、启、碑记、赞、墓志、行状、祭文、诗等各类文体的作品。

清·乾隆五十五年（1790 年）
纵 29.2、横 16.1 厘米

纸质。线装。清代郭启翼辑。
不分行，四周双边。此书是潍
县金石学家郭启翼辑自刻印而
成，附带释文，对研究清代潍
县金石学具有重要的价值。

## 147　清钤印本《续齐鲁古印捃》

清·光绪壬辰年（1892 年）
纵 27.0、横 16.0 厘米

　　纸质。线装。清代郭裕之辑。16 册，著录古印数千方，间有考证，是研究清代金石印章的重要资料。内有收藏者程秀虎的题跋及钤印多方收藏章。

續齊魯古
印攈

申堂朝
仲銘著

炎繙壬辰灘
縣鄁氏寅本

續齊魯古印攈

同里郡申堂朝大者學覽古喜聚書以餘力爲金
石學三代秦漢璽印萬有餘者數積矣今年真方齋
續齊魯古印攈一日過其齋出古大鈬示余目此
吾作印攈之緣起此吾爲鄁氏高南鄁先生以金石
名家嘗鄁鄙齊魯古印攈書淸成而先生進讀世鈬
君鄁生爲鄙補補以傳吾向從鄁氏鄁韻圓繕繪丁
亥秋穫此鈬摹筆愛賞與鄁生之兒爲導內理覽由
是古鄁鄙盆深收龍日富今秋穫次坿先生之書後

清·光绪十六年（1890 年）
纵 21.5、横 14.3 厘米

　　纸质。线装。清代王石经、田镕叡、高鸿裁、刘嘉颖同辑。全书 4
册，10 行，黑口，四周单边，双黑鱼尾。

　　陈秉忱于 1961 年为该书写跋："为纪念西泉先生购此印存于国子
监中国书店，此印集成于光绪十四年戊子，是曾祖父簠斋逝世后四年，
先生新得古印，未得选入《十钟山房印举》。秉忱于一九六一年元月
十日夜。"后钤印"陈"。

## 149 清钤印本《高庆龄集印》

清（1644 ～ 1911 年）
纵 23.0、横 14.5 厘米

　　纸质。经折装。全书 29 册，集印 3589 方。为清代潍县金石学家高庆龄所集历代印章钤印成书，具有极高的史料价值。

清（1644～1911 年）

纵 41.5、横 34.0 厘米

　　纸质。此拓本册为高鸿裁竭四十年之精力，搜集秦汉砖瓦千余件，后取五百余件珍品捶拓而成。因高氏力欲求精，成书甚少，现海内所存仅有数部。潍坊市博物馆馆现存砖、瓦各五册，其"文字精雅，花样美富"，可谓古陶拓之珍本。

　　高鸿裁（1852～1918 年）字翰生，山东潍县人。嗜好古文金石，喜爱藏书，精研汉学，著有《齐鲁遗书十八种》、《历代志铭征存》，辑有《古印偶存》、《齐鲁古印捃补》等。

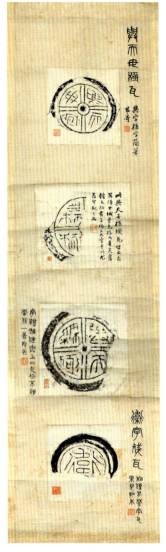

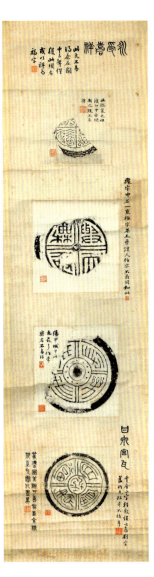
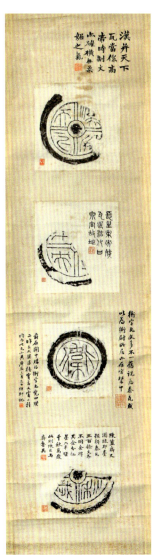

## 151 清拓本吴大澂题汉瓦当四条屏

清（1644～1911年）

纵 125.0、横 31.5 厘米

　　纸质。墨拓，上有吴大澂不同书体的题跋及风格各异的印鉴。拓本与拓轴之上分别钤"大澂私印"、"愙斋集古"、"清卿"、"恒轩所得"等白文印，"八象符斋"、"三代古陶""清卿手拓金石"、"两秦鼎室"、"登画"等朱文印。

　　吴大澂（1835～1902年），初名大淳，又字清卿，号恒轩，晚年又号愙斋，江苏吴县（今江苏苏州）人。清代金石学家、书画家。

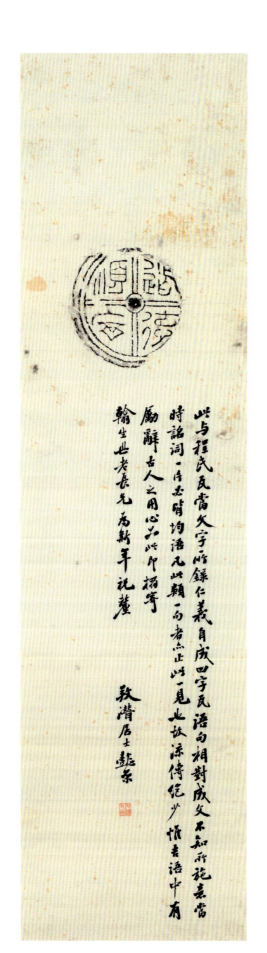

## 152 清拓本王懿荣题道德顺序瓦当图

清（1644～1911年）

纵125.5、横33.0厘米

纸质。墨拓。上有王懿荣题跋，意为将此拓赠与老友，以借瓦当文字之吉意为新年祝福。落款"养潜居士懿荣"，钤"石渠瓦斋"朱文印。

王懿荣（1845～1900年），字正儒，一字廉生，山东福山（今烟台）人。金石学家、甲骨文发现者。光绪六年进士，官至国子监祭酒。

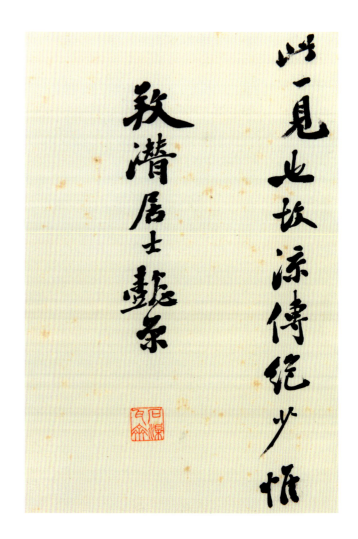

## 153 民国拓本王献唐题六朝造像图

民国时期（1912～1949年）
纵109.0、横40.0厘米

　　纸质。墨拓。拓本上端为王献唐题跋，记述他对佛像年代及价值的考证，认为此佛像为生平所见最好刻像，落款"王献唐记"，钤"献唐"朱文印。

　　王献唐（1896～1960年），字献唐，号凤笙，山东日照人。中国现代杰出的历史学家、考古学家、金石学家、文献学家。著有《山东古国考》、《中国古代货币通考》等。

清（1644～1911年）
纵133.0、横63.0厘米

　　纸质。墨拓。墨拓为大魏孝昌三年造像及题记，上有"簠斋藏石"白文、"平生林下田间"朱文、"海滨病史"白文钤印。另有"伟斋珍藏"白文鉴藏印。墨拓右侧为陈义正甲申十年（1944年）题五言诗，右侧为陈君藻题跋。大魏孝昌三年杨丰生造像为陈介祺旧藏。

　　陈君藻（1900～1987年），名奎章，以字行，山东潍县（今潍坊）人，陈介祺五世孙。

　　陈以正，字谷荪，号苟禅。清末民国浙江人。客居济南，任济南中学美术教师。书画皆能，为时人称许。

大魏孝昌三年楊豐生造像

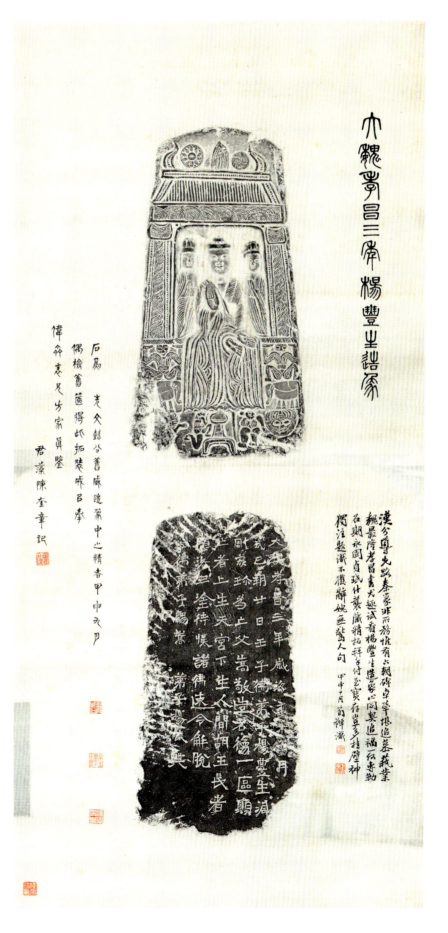

清（1644～1911 年）
纵 128.5、横 61.0 厘米

　　纸质。墨拓。该墨拓为陈介祺时所拓，上钤"簠斋"白文、"齐东陶父"白文、"半生林下田间"朱文印。墨拓上部佛像右侧有陈森题名并跋、左侧为于均生题跋，两跋均题于民国壬午年（1942 年）；下部供养人像下方有陈以正、田泮生民国乙酉年（1945 年）题跋。隋开皇十七年（597 年）张信造像，曾为陈介祺旧藏，

　　陈森（1876～1947 年），字柏岩，山东潍县（今潍坊）人。自幼酷爱书法。真草隶篆皆通，尤精小篆，并善绘画、篆刻。

　　于均生（1887～1950 年），原名庭樟，字均生，山东潍县（今潍坊）人。清末廪生，同盟会早期会员，曾任中华民国大元帅府参议。潍坊知名收藏家，家藏古籍善本数万册。

　　陈以正，字谷荪，号苟禅。清末民国浙江人。客居济南，任济南中学美术教师。书画皆能，为时人称许。

　　田泮生（1888～1962 年），名芹叔，山东潍县（今潍坊）人。职业律师。擅书法，书学米芾，劲拔苍崛。

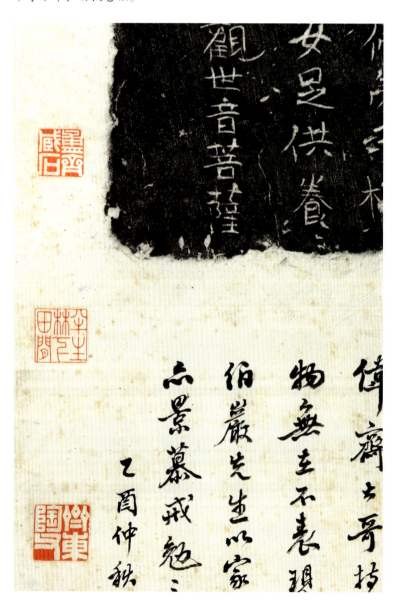

隋開皇十六年張僧徹造像

此造像為先伯祖文誠公所得石已不知所歸拓本
六甚平觀矣

佛首海台版依佛道通悟三寶之变漆之心甚妙
武盛致妙此拓方贶羿代訥靜寶長高縝佛芳政启
貿之深錦錦妙用誌數語略述技擬
壬午嘉平月拓義陳森俊

此造像為先伯祖文誠公所得石已不知所歸拓本
開皇丁夫開月
佛弟子士信
息依宋歡述時
舒像石像佛造斯
弥陀造像

後漢佛法束来中經南北暨隋唐間益廣版依三寶造象尸祝
此戶皆些第此施以供養弥造象為寿玩際閒拱璧遣象則無
倒地五以宋来歐美人士以宝爱東方古物故草金石而西航
由是造象一区萬吁点哭哉此象為蘆藏宗之所藏
浣藥何ゟ久不可問　佛喬兄為信佛傳装此嘅唐為趄趄
略述而見如右
建閣第一壬午四月十八日嚴鏊于翁生記

夷攷选家隋開皇二十七年
記錄詳張信錦名石已即
益拓拓本縢珠琅隋書隋彷
閣唐縣槅極吲乃國光祈福
願家善信忙大藏束土處西
方阿弥陀家王殊艮膽拜禁
香奉佛堂　佛薺佛學送
津梁如此爰寶善寶藏
白因五月拓冬陳酮拜题

佛弟子楊女昙
女是供養
観世音菩薩

佛弟子楊女昙
供養一切時

供養佛時

佛佉於淨著於晉而盛行於六
朝隋唐閒無人之造像家之神佛
不論真理興冀福甚隋可恨止
蓋佛法善邊奎之心四宜在宛佛
理效佛衍右佛心宛淨宜欧
菩念消方可造嚴此善之因記
菩薩之果七
佛齊士哥詩修有年審古樣
物無主不袁頭大乘之真帝
伯嚴先生以家藏隋造像相贶珆
六景慕戒兎之忘然
乙酉仲秋田洋生拜題

### 156　清拓本陈森题六朝铜造像图

清（1644～1911年）
纵113.0、横40.0厘米

　　纸质。墨拓，为陈氏时所拓，上钤"簠斋藏古"朱文、"古之田间大夫"白文印。墨拓上方为陈森壬午年（1942年）题名并跋，意为以此拓本赠其姻台，以供其"朝夕摆香供之"。跋后钤"柏岩"白文、"六十以后所作"朱文印。墨拓之上另有"伟斋供养"、"子孙永存"鉴藏朱文印。六朝铜造像系陈介祺旧藏。

　　陈森（1876～1947年），字柏岩，山东潍县（今潍坊）人。真草隶篆皆通，尤精小篆，并善绘画、篆刻。

中鼒銅造像

六銘造像久為世珍々罕尤不易
得此為先伯祖文勳公所藏惜
字跡不甚清晰殊為缺憾鐘
年代及人名均聲諼其左六
銘佛像凸六屌罕觀
佛高奶台寫后佛道雯諜
僅恙因以此拓為贈伴劏夕
蔣系佗之與古佛為緣也
壬午嘉平月望日
柏影陳森浚

## 157  唐义葬墓志铭并序碑

唐·广德元年（763年）

高 35.7、宽 60.2、厚 8.0 厘米

　　石质。唐代广德元年立。碑文楷书，记述了为在安史之乱中丧生的忠臣义士建墓立碑的经过。

### 158　金龟蛇碑

金（1115 ～ 1234 年）
高 138.7、宽 64.5、厚 15.4 厘米

石质。上书"龟蛇"二字，象形体草书，为金代道士谭处端所书。左下方楷书"潍阳玉清观立石"。

该碑原立潍县道观玉清宫内。

## 159 明冯起震、冯可宾绘竹石图十幅屏刻石

明·崇祯二年（1629 年）

高 162.0、宽 40.7、厚 12.0 厘米

　　石质。明代青州画家冯起震与其子可宾合作创作《竹石图》并刻石，描绘了云、雨、风、晴等各种自然条件下形态各异的竹子形象。每幅各有当时名家柴寅宾、蒋一聪、邢侗、朱国祯、董其昌、李晔、黄汝亨、张延登、蒋如奇、陈继儒的题跋。

（局部）

（局部）

清（1644 ~ 1911 年）
高 45.5、宽 103.0、厚 12.5 厘米

　　石质。碑文为郑板桥用独创"六分半书"体书"难得糊涂"四个大字，下有小字释文："聪明难，糊涂难，由聪明而转入糊涂更难；放一着，退一步，当下心安，非图后来福报也。"后题"乾隆辛未秋九月十有九日，板桥。"右上角钤朱文"橄榄轩"引首章，左下角钤朱文"郑燮之印"章和"七品官耳"章。阐述了一种大智若愚、良智深藏若虚的处世哲学。

清·乾隆十四年（1749 年）
高 165.0、宽 70.0、厚 21.0 厘米

　　石质。告示碑，碑文书体为行楷相间。该碑系清代著名书画家郑板桥做潍县令时所撰书，宣告为保护在修城中做出贡献的烟铺小商贩利益，改革弊政，取消中间盘剥的经纪。

潍縣永禁煙行經紀碑文

乾隆十四年三月潍縣城工

然新整而土城猶多缺壞

月間大雨時行水眼以漲溢

之諸煙鋪間斯意以義損銷

菁無後遺憾此其為功必

清·乾隆十三年（1748年）
高 55.7、宽 135.7、厚 12.6 厘米

　　石质。为潍县县令郑板桥在潍县举督修城墙之役工讫撰书并刻石，原镶嵌于潍县旧城墙上。碑文行书，如行云流水；文中以辨证的观点论述了修城墙的重要性和必要性，极具思想性和艺术性。钤"芳心寄物化"阴文印和"郑燮之印"、"都官"阳文印。

尺計錢三百六十千即付

諸薦紳不徒以紙上空名取其

好看其好名任令殿看修名工

壹錢一銭一物梁不徑手代辇觀

願戌西已乾隆戊辰九秋鄭燮題

清（1644 ~ 1911 年）
高 173.0、宽 75.5、厚 21.0 厘米

　　石质。明代画家陈洪绶绘山水人物，原作题款已残，从石刻右边陈介祺跋文中知，此图由陈洪绶绘赠当时的潍县令周亮工，后辗转流入清潍县富绅丁毓赓之手而刻石。石上另有清高密诗人傅丙鉴跋文。

## 164 清文徵明书法刻石

清·咸丰乙卯年（1855年）
高152.5、宽72.5、厚14.5厘米

　　石质。行书，书体刚劲流畅，俊秀潇洒。为明书画家文徵明书七言诗："万事年来尽扫除，无端翰墨尚留余。欲缘鸥鸟投丹粉，还为鹅群写道书。"落款"徵明"，左下角为潍县书法家于祉跋文："此卷文待诏真迹，余家旧藏也，杨君润轩一见大奇之，谓是此老学黄之最，遂刻诸石。乙卯五月，澹园识。"后有阳文"于祉之印"。

清·咸丰乙卯年（1855 年）
高 158.0、宽 54.0、厚 12.5 厘米

　　石质。行书，书体劲健，清俊雅逸。碑文为明书画家董其昌书五言诗："潆汀淡不流，金碧如何拾。迎晨含素华，独往事朝汲。"落款"其昌"。左下角为潍县书法家于祉跋文："杨君润轩既刻衡山书并此卷上石，此亦吾家故物也，笔力大似李北海，乙卯秋识。"后为阴文"于祉之印"。

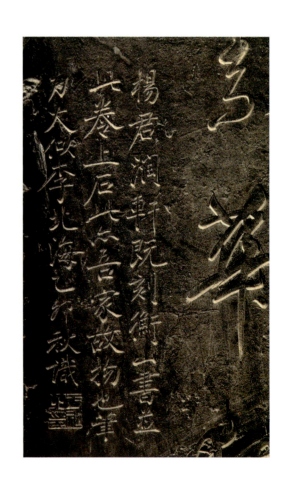

## 166 清张瑞图书法刻石

清·咸丰乙卯年（1855 年）
高 173.0、宽 48.8、厚 12.0 厘米

　　石质。行书，刚劲流畅，俊秀潇洒。为明书法家张瑞图书五言诗："一夜春雨过，千畦尽成绿。不晓意所欣，道是斋厨足。"落款"图书"。左下角为潍县书法家于祉跋文："张长公真迹，世多有之，然未有奇矫若此卷者，尤物当与世共之，遂亦登刻。澹园识。"下阴刻"于燕受"。

**清刘嘉颖绘、张昭潜撰、王石经书果园变相图并序刻石**

清·光绪二十五年（1899年）
高 32.6、宽 45.2、厚 8.5 厘米

　　石质。由14方石刻组成。第一方为清代潍县画家刘嘉颖绘果园图，第二方至第十三方为清代潍县学者张昭潜撰文、书法家王石经用隶书书写的序文，第十四方为果园主人、潍县诗人郭恩孚撰文、书法家郭恩赓书写的跋文。序文阐释了果园名称的内涵。此石刻集多位清代潍县名流之作于一身，具有较高的历史价值和艺术价值。

（局部）

果園圖序

七十一叟
陶氏撰
余及門郭
蓉訂

人之子隱居
家住
闕之南隅
名維翟屋
墅曰果園既

1913 年

高 136.5、宽 72.0、厚 14.0 厘米

　　石质。系民国潍县画家丁启喆以白描手法绘汉北海相孔融像,后刻石。所绘孔融头戴高帽,身着宽袖大袍,一手捻长髯,作吟咏沉思状,儒雅高贵。右侧有潍县书法家、进士郭恩赓节录《汉书本传》中孔融传记。

翠馬第為侍御史遷先賁中郎將會董卓秉政以竹帛卓

年馳常北海相融到郡收合士民起兵講武更置城邑立學校未

青莫不如禮馬郡人無後及四方游士有死亡者皆為相具而斂

佯聰達大火感水北行下願相劉備備遣兵三千救之賊

作大匠遣火府再朝會訪對輒引正定議咸造賢士多

短而退稱府長薦道賢士多邪媛進政河內史俊眉眼之眄

次篇

節錄漢書本傳

郡後學郭□□□□書

# 169　民国曹鸿勋临、王寿彭跋九成宫醴泉铭刻石

1919 年
高 38.0、宽 41.9、厚 14.3 厘米

　　石质。此刻石为清末潍县状元曹鸿勋临唐代欧阳询书《九成宫醴泉铭》的末尾部分。后有陈恒庆撰、王寿彭书的跋文。并有阳文"曹鸿勋印"、阴文"仲铭"、阳文"王寿彭印"、阴文"次篯"印章。曹鸿勋与王寿彭均为清光绪年间状元，两人出生于同一条巷子，后人因之改此巷名为"状元胡同"。

（局部）

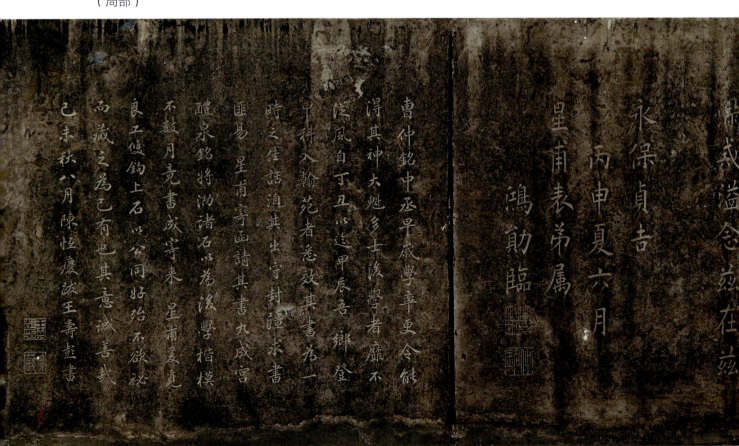

**170　汉陶人物俑**

汉（公元前 202 ~ 220 年）
通高 41.7、通宽 14.3、厚 8.7 厘米

　　泥质灰褐陶。人物俑长方脸，平视，身着"V"字领长裙，双手端于腹前，双膝微曲站立。憨态可掬，形象生动。

**171　汉陶人物俑**

汉（公元前 202 ~ 220 年）
通高 63.4、通宽 17.8、厚 14.3 厘米

　　泥质灰褐陶。人物俑头梳双髻，长圆脸，平视，身着"V"形领长衫，双手端于腹前，下露双脚，双膝微曲站立。憨态可掬，形象生动。

**172　北魏一铺三尊石佛造像**

北魏（452～534年）
通高 47.5、底座高 10.5、宽 26.2、厚 12.3 厘米

　　石质。一铺三尊式造像。舟形背光，上刻有莲花纹和火焰纹。三
尊佛像均身着"U"形领佛衣，主尊手施无畏、与愿印，左胁侍菩萨
双手捧莲花于胸前，右胁侍菩萨双手持月轮。长方形底座正面为普泰
年间题记，多字已磨泐不清。

## 173 北齐一铺三尊石佛造像

北齐（551～557年）

通高96.0、宽57.0、背光厚3.0厘米

　　石质。一铺三尊石造像。舟形大背光，两侧较平直，背光上部雕刻有飞天、供养人等纹样；主尊居中，磨光圆髻，内着僧祇支，外着圆领紧身宽袖佛衣，左手施与愿印，右手残；两胁侍菩萨立于主尊两侧，均头戴花冠，佩饰璎珞，双手均残。造像敷红、蓝、金等彩绘，彩绘多剥落。

## 174 明观音大士铜坐像

明·弘治（1488～1505年）
通高 130.0、宽 103.0 厘米

　　铜质。圆雕。造像铸于明代弘治年间，原供奉于潍县增福堂街寺庙。
结跏趺坐，法相端庄。三头，高髻，带宝冠，细眉长目，面相丰润；
着帔帛长裙，帔帛绕臂，饰项圈璎珞配饰；六臂，中间双手合十，其
他四臂手托宝物。
　　该造像个体庞大，铸造精致，是明代铜佛造像中的精品。

明（1368 ～ 1644 年）
通高 41.5、宽 32.5、厚 30.0 厘米

　　木质。作者根据原材料的自然形态，因势造型，因材施艺，雕刻塑造了两翁一童捕鱼归来的场景。作者将自然美与人工美的"巧"有机结合，把人物的欢快神态刻画的生动传神、惟妙惟肖。

### 176 新石器时代大汶口文化鹿角锄

距今约 6100 ~ 4600 年
长 49.0、宽 18.0 厘米

　　鹿角。该器物利用有分叉的粗壮鹿角加工而成。鹿角的较细部分加工为锄柄，较粗部分劈取一部分为锄头，刃部有明显的使用痕迹。
　　该器物打磨精细，线条流畅。

### 177 新石器时代大汶口文化鹿角镰

距今约 6100 ~ 4600 年
长 21.2、宽 19.8 厘米

　　鹿角。该器物利用粗壮鹿角的分叉处，截取需用部分，再从中切去约三分之二，并将截取部位磨光，柄部较长，刃部稍短，磨有锯齿，锯齿较圆钝，镰端可按柄使用。

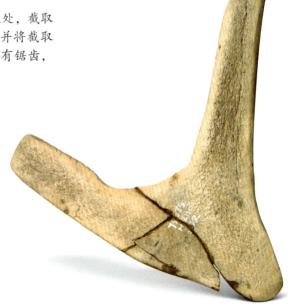

**178 新石器时代大汶口文化鹿角勾形器**

距今约 6100 ~ 4600 年
长 7.0、宽 2.5 厘米

　　以鹿角制成。呈曲尺形，又似靴形。柄部有穿孔，穿两侧有三角形凹槽，刃部呈鸭嘴形，器物大面积磨光。

**179 新石器时代大汶口文化骨筒**

距今约 6100 ~ 4600 年
宽 4.8、高 6.7 厘米

　　骨质。扁圆筒形，一端较粗凸出，上饰有两条弦纹。素面，通体打磨光滑，制作规整。

**180 新石器时代大汶口文化骨针**

距今约 6100 ~ 4600 年
长 11.7 厘米

　　骨质。器身较粗，略扁，一端有一椭圆形穿孔，另一端为尖部，较为锋锐。通体打磨精细光滑。

## 181　新石器时代大汶口文化骨刺

距今约 6100 ～ 4600 年

长 13.8、宽 2.3 厘米

　　骨质。器体扁圆而稍短，用兽类掌骨制成，通体磨光，略带光泽。

## 182　新石器时代大汶口文化骨锥

距今约 6100 ～ 4600 年

长 11.8、宽 0.8 厘米

　　骨质。扁粗锥形，顶部有穿孔。通体打磨光滑，制作精细。

### 183　新石器时代大汶口文化蚌刀

距今约 6100 ～ 4600 年

长 15.0、宽 4.1 厘米

　　直背、弧刃，近背部有两穿孔。

### 184　新石器时代龙山文化鹿角陶拍

距今约 4600 ～ 4000 年

宽 8.2 高 10. 厘米

　　鹿角。该器物为锯取粗壮鹿角的一段而制。一端角根部呈圆形微向外鼓，有使用痕迹，另一端呈不规则的椭圆形，又将中间掏空，留有窄条形握把，把上有竹节形纹。

　　该器物应是制作陶器的工具，制作规整。

### 185　新石器时代龙山文化骨镞形器

距今约 4600 ～ 4000 年

长 6.3、宽 0.8 厘米

　　骨质。器身呈三角锥形，镞身横断面呈马蹄形，锥形铤。通体打磨光滑。

186　清金地五彩缂丝一品文官仙鹤补子

清（1644～1911年）
长29.0、宽28.5厘米

　　丝质。方形，从中间断开一分为二。金地补子上，以蓝为主色的五彩流云环绕，海浪山石之上，红顶白鹤侧向单脚站立，嘴微张，双翅展开，目视红日，似欲振翅高飞；周围牡丹、寿桃、红色蝙蝠相伴，画面的华美色彩与华贵气息搭配完美。该补子主体以缂丝为主、缂工精细，且属清代一品文官所用，具有极高的工艺价值和历史价值。

## 187　清红木嵌螺钿方桌

清（1644 ~ 1911年）
长 93.0、宽 93.0、通高 86.0 厘米

　　木质，草花梨。此方桌为束腰、圆腿、勾脚、直桄式。桌面镶嵌大理石，在桌面边缘和桄子部分采用嵌螺钿工艺装饰着光彩夺目的贝类。工艺精湛，装饰华丽。

## 188　中新世玄武蛙化石

中新世 1800 ~ 2300 万年期间
通长 16.0、通宽 10.5
蛙长 11.7、宽 6.4 厘米

　　古生物化石。头骨较尖，三角形，前后长明显大于头部后部最大宽，肢骨粗壮，腰带宽大。

　　山旺化石因产自临朐县的山旺村而得名，形成于距今 1800 万年前、地质历史上的中新世。现已发现十几个门类 700 余属种，为大自然活生生的教科书，真实地再现了 1800 万年前山旺地区的生态环境，不愧为"万卷石史，国之瑰宝"。

## 189　中新世三角原古鹿化石

中新世 1800 ~ 2300 万年期间
通长 197.0、通宽 130.0 厘米

　　古生物化石。雄性，眼眶上方有一对粗短侧扁的"皮骨角"。角的前缘向后倾斜，顶端稍有膨大，表面粗糙。枕部顶端向后上方延伸，末端膨大，形成"锤形"角状突起。它是早期长颈鹿的祖先，但脖子比现生长颈鹿的短得多。

# 第四部分 文物衍生

　　"让文物活起来"，把博物馆"记忆"带回家已成为当下博物馆界共同追求的目标。博物馆研发文创产品，使观众将其对文物的兴趣和认同通过文物衍生品实物化，真正把"文物"的记忆带回家，业已成为社会文化消费的时尚，也为博物馆的发展开启了另一扇窗。

　　潍坊市博物馆转变运营理念，在重视人才、充实馆藏文物、引进制作精品展览的基础上，也注重文物的保护与修复以及文化衍生品的研制开发。为此，潍坊市博物馆成立文物保护中心、仿古铜研究所等专门机构，目前已成功揭裱修复多幅馆藏书画。同时，充分利用馆藏文物优势，深度挖掘地域特色，通过自主研发设计，研创并生产出了多种具有潍坊市博物馆特色的文创产品。

　　潍坊地区金石学发达由来已久，与其并存的仿古铜、传拓技艺也成为潍坊多种民间工艺中的佼佼者。传拓技艺，前有陈介祺的求索精研，后有众多拓工的追随实践，全型拓、蝉翼拓这些高精技术在潍坊地区得到初创、沿袭与发展，潍坊的墨拓技艺为全国金石学家所推崇。其拓片立体感强、墨色均匀、字口纹饰清爽，不仅为文物考证提供了形象而真实的依据，同时，拓片本身也成为珍贵的艺术品。

　　潍坊市博物馆研制生产的郑板桥书画刻石特色拓片、仿古铜毛公鼎等就是这些传统工艺的精妙运用。

　　博物馆文创产品汇集之处也被称作博物馆的"最后一个展厅"，文化衍生品的研发投放，使得潍坊市博物馆这"最后一个展厅"由原来观众"过而不入"的盲区也变为驻足流连、争相欢购的集萃地。

## 190 难得糊涂拓本

纵 47.0、横 103.0 厘米

郑板桥以其独创"六分半书"体书"难得糊涂"四个大字，下有小字释文："聪明难，糊涂难，由聪明而转入糊涂更难；放一着，退一步，当下心安，非图后来福报也。"后题"乾隆辛未秋九月十有九日板桥。"右上角钤朱文"橄榄轩"引首章，左下角钤朱文"郑燮之印"章和"七品官耳"章。

## 191 吃亏是福拓本

纵 47.0、横 103.0 厘米

郑板桥以其独创"六分半书"体书"吃亏是福"四个大字，下有小字"满者损之机，亏者盈之渐，损于己则益于彼。外得人情之平，内得我心之安；既平且安，福即在是矣。"后题"板桥郑燮题于潍县官署"。右上角为阴文"橄榄轩"引首章，左下角为阴文"郑燮之印"、阳文"七品官耳"章。

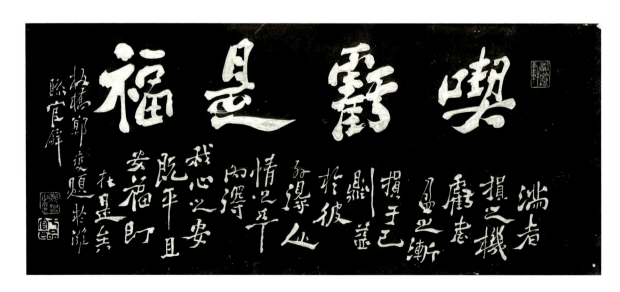

## 192　倒题兰图拓本

纵 34.0、横 70.0 厘米

　　《倒题兰图》拓片分朱拓、墨拓两种。此幅作品因其题诗是从左到右，与传统古人题诗从右到左不同，故称"倒题兰"。郑板桥绘此兰花，枝叶删繁就简，疏密有致，长短肥瘦，相互映衬。尤其是枝叶形态，颇似"凤眼、鼠尾、螳螂腰"，淳朴自然，活泼诙谐，意趣淳美，充满一种生机盎然的天然情趣。

## 193 风雨竹石图拓本

纵 29.0、横 76.0 厘米

  《风雨竹石图》拓片分朱拓、墨拓两种。该拓本墨迹清新，展现了一幅形象生动的画卷：乱崖之下，几枝青竹傲立风中，顽强地生长着、扩争着，其坚韧挺拔之态跃然纸上。上有题诗"咬定青山不放松，立根原在破崖中。千磨万击还坚劲，任尔东南西北风。"

## 194 仿北齐思维菩萨造像

通高 58.0 厘米

　　这是一尊颇具美感、仿制形神兼备的菩萨像。石刻师傅致力于青州龙兴寺石刻佛像的雕刻与研究，坚持手工雕凿，将其对传统工艺制作及艺术特色独到的见解与表现方式，倾注于千锤万凿之中，创作、再现着精妙绝伦的龙兴寺石雕佛像的艺术价值。

## 195 仿北齐立佛

通高 103.0 厘米

佛菩萨造像静中有
动、内秀深藏、栩栩如生，
人物佛性表现得淋漓尽
致，体现出强烈的内在美
和艺术魅力。

## 196 仿古铜毛公鼎

通高 53.8、口径 47.9 厘米，重 34.7 公斤
通高 26.9、口径 23.9 厘米，重 17.4 公斤

自 2013 年始，潍坊市博物馆组织专业人员悉心收集青铜器毛公鼎数据资料，前后修改五模，耗时二载，成功复制了原尺寸和 1/2 比例的毛公鼎仿古铜。

等比例的仿古铜毛公鼎，无论从尺寸、重量、质地还是光泽，都与真品几乎无异，体式严谨，质朴平实，端严凝重，展现出浓厚的文化气息。1/2 比例的毛公鼎有红铜和青铜两种，小版毛公鼎更加精巧凝练，鼎内铭文清晰可见，更适宜作为桌面摆件观赏。

# 后 记

　　《潍坊市博物馆馆藏选粹》一书付梓在即。此书从体例、框架结构编排、文物筛选、器物拍照，到文物条目编写、汇总编纂等，所有参与此书编撰的同志都付出了诸多心血与艰辛。诸如陈列科、保卫科、物管科等部室协助展厅文物提取、拍照，办公室协助文稿打印，财务科协助书款运作等等。凡此种种，不一一赘述，谨一并致谢。

　　囿于编者水平所限，本书难免存有谬误，敬请方家指正。

　　参与此书编纂工作人员所承担的任务：

　　吉树春负责本书体例、框架结构的规划设计，文物的选取，序言、综述文字的撰写；

　　吉树春、朱英、武夫强负责本书的汇总编纂；

　　翟松岩、邢永超负责玉石器、骨角牙木器、古生物化石等条目的编写；

　　杜晓军、王琳琳负责陶器条目的编写；

　　田永德、王琳琳负责铜器条目的编写；

　　吉树春、于璐负责瓷器条目的编写；

　　谭霭岚、武夫强负责书画、拓本条目的编写；

　　衣可红、李宜龙、魏素梅、王晓雁负责古籍、石刻、造像条目的编写；

　　魏茜茜、李强负责文创产品条目的编写。

　　摄影：曹帆、邢永超。

编　者

2016 年 2 月 29 日